AF241271

DE MARGUERITE M...

PAR

VAN DEN BERGHE

...apostolique ad instar participantium...
...logie et en philosophie. Membre de l'...
...religion catholique de l'...

PARIS

...ET P... VERNU...
...DES FONDS-A...

...

# ANNE-MADELEINE DE RÉMUSAT

IMPRIMATUR

Mechliniae, 19 ianuarii 1877

J.-B. LAUWERS, vicaire général.

*A l'Ordre de la Visitation Sainte-Marie,
dont ANNE-MADELEINE est une des
gloires les plus pures.*

*A la Compagnie de Jésus, qui lui donna, en
la personne du Père Claude-François Milley,
un guide éclairé.*

*A la Société des Filles du Cœur de Jésus,
qui fait profession de rendre au Sacré-Cœur
les hommages spéciaux de réparation et d'amour
enseignés par elle.*

# ANNE-MADELEINE

# DE RÉMUSAT

## LA SECONDE MARGUERITE-MARIE

PAR

**M**GR **VAN DEN BERGHE**

Protonotaire apostolique ad instar participantium,
docteur en théologie et en philosophie, membre de l'Académie
de la religion catholique de Rome, etc.

———

## PARIS

### A. ROGER ET F. CHERNOVIZ, ÉDITEURS

7, RUE DES GRANDS-AUGUSTINS, 7

| BRUXELLES | MARSEILLE |
|---|---|
| H. GOEMAERE | VEUVE CHAUFFARD |
| Éditeur pontifical | |
| RUE DE LA MONTAGNE | 20, RUE DES FEUILLANTS |

1877

# AVERTISSEMENT

---

Voici les sources principales auxquelles nous avons puisé pour la composition de cet ouvrage.

1° Écrits de la sœur de Rémusat.

Des fragments de mémoires et de lettres adressées par la sœur Anne-Madeleine à ses directeurs ou à ses supérieures. Mgr. de Belzunce s'opposa d'abord à ce que la sœur Rémusat écrivît des mémoires, ainsi qu'on le désirait au monastère de la Visitation. Il est probable que ce prélat si éclairé retira ensuite sa défense. Lui-même dut être plus

tard en possession d'écrits de la sœur, puisque nous savons qu'il en envoya à la reine
Clémentine d'Angleterre qui avait sollicité
la faveur d'obtenir quelque souvenir de la
sœur Rémusat, après la mort de cette dernière. Pleine de reconnaissance, la reine
dépossédée écrivit à l'évêque de Marseille,
le billet suivant :

« Monsieur l'évêque de Marseille, j'ai
« reçu avec plaisir le pieux monument que
« que vous m'avez envoyé. Il m'est d'au-
« tant plus estimable, qu'il est d'une sainte
« religieuse et qu'il vient de vous, pour qui
« j'ai une estime particulière. Ainsi je ne
« puis faire moins que de vous remercier,
« vous assurant de tous les sentiments
« que je dois avoir, étant sincèrement,
« Monsieur l'évêque de Marseille, votre
« bonne amie.

« CLÉMENTINE, reine. »

Une autre partie des écrits ou mémoires de la sœur demeura en possession du premier monastère de la Visitation de Marseille. La mère Anne-Théodore Nogaret, supérieure, communiqua ces mémoires, dès l'année de la mort de la sœur, à un homme pieux chargé d'écrire sa vie. Cette *Vie* néanmoins ne parut que trente ans après, et elle contient plusieurs fragments des écrits de la sœur, malheureusement en trop petit nombre. Après la publication, les écrits furent restitués au monastère, mais en 1792, durant la tourmente révolutionnaire, la sœur qui en avait la garde, se laissa gagner par la peur, à l'approche des visites domiciliaires, et elle eut la faiblesse de tout jeter au feu. Quelques fragments échappèrent seuls à la destruction, et furent imprimés dans une autre *Vie* de la sœur publiée en 1868. Ce sont des fragments contenus déjà dans la première *Vie*, que **nous citons** et que nous transcrivons en partie, sous le titre général de *Compte de Conscience* de la sœur Anne-Madeleine.

La *Retraite spirtuelle* de la sœur Anne-Madeleine, écrit qu'elle composa dans les premiers temps de sa vie religieuse.

*Carême spirituel* pour se préparer à la fête du Sacré-Cœur de Jésus, petit écrit composé vers la même époque.

Quelques fragments de lettres de la sœur Anne-Madeleine imprimés dans sa *Vie*.

2° Documents communiqués par l'ordre de la Visitation.

La circulaire de la mère Anne-Théodore Nogaret, supérieure du premier monastère de la Visitation, au sujet de la mort de la sœur Anne-Madeleine. Elle est datée du 15 février 1730.

La lettre de Mgr l'Évêque de Marseille à la très-honorée sœur Marie-Agnès de Gréard, déposée du premier monastère de la Visitation Sainte-Marie de Rouen, au sujet de la sœur Anne-Magdeleine de Rémusat, religieuse du même ordre, morte dans le premier monastère de Marseille en odeur de sainteté. Communiquée aux fidèles du diocèse de Marseille pour leur instruction. Elle est signée : Henry, Évêque de Marseille, et datée du 10 may 1723.

C'est une réponse de Mgr de Belzunce adressée à la mère de Gréard, dans le but de réfuter les calomnies qui courraient sur la sœur Anne-Madeleine, et de mettre en lumière les vertus de celle-ci. Il faut considérer cette lettre comme un document de la plus haute importance pour la vie que nous écrivons.

La circulaire de la mère Théodore-Élisabeth Duclos, du monastère de Marseille, communiquant à tout l'ordre de la Visitation la lettre épiscopale qui précède. Elle est datée du 28 may 1732.

La circulaire du premier monastère de la Visitation de Marseille en date du 1er may 1721, au sujet de la peste qui affligea cette ville.

La circulaire de la mère Françoise-Bénigne Dorlyé de Saint-Innocent, en date du 1er octobre 1723, sur le méme sujet.

Diverses circulaires du premier monastère de la Visitation de Marseille, donnant un abrégé de la vie et des vertus des religieuses de ce monastère qui furent contemporaines de la sœur Anne-Madeleine. Ces circulaires, ainsi que les précédentes, nous ont été communiquées par la Visitation de Marseille.

3° Ouvrages traitant de la vie de la sœur de Rémusat.

La *Vie* de la très-honorée sœur Anne-Madeleine de Rémusat, religieuse de la Visitation Sainte-Marie, morte en odeur de sainteté dans le premier monastère de Marseille. A Marseille, chez J. A. Brebion. MDCCLX. Cette *Vie* est malheureusement très-incomplète. Elle contient des fragments du *Compte de conscience*, comme nous l'avons dit plus haut. L'auteur, dont le nom nous est inconnu, paraît avoir craint beaucoup de mettre au jour des faveurs célestes et des faits miraculeux qui pouvaient exciter le sourire des incrédules. Cette crainte l'a fait hésiter pendant trente ans à publier son œuvre, et a considérablement nui à la composition de cette dernière. Aussi, l'on peut dire que cet ouvrage ne met nullement en lumière la mission de la sœur Anne–Madeleine. L'ouvrage en question fut communi-

qué à l'ordre de la Visitation par la mère
Marie-Charlotte Billon, dans une circulaire
datée du 12 août 1760. Cette vénérable supérieure avait été l'intime amie de la sœur
Anne-Madeleine et lui survécut quarante
ans.

*Vie* de la vénérée sœur Anne-Madeleine
de Rémusat, décédée le 15 février 1730, au
premier monastère de la Visitation Sainte-
Marie de Marseille. Lyon et Paris, Félix
Girard, 1868. Cette *Vie* n'est qu'une nouvelle
édition de la première vie, complétement
refondue et augmentée de nouveaux fragments du *Compte de conscience* et de ren-
seignements fournis par les anciennes sœurs
du monastère. C'est un ouvrage précieux
pour cette histoire, parce qu'il contient tout
ce que la tradition du monastère avait conservé relativement à la sœur Rémusat. On
peut ajouter que cette tradition est très-

sûre, voici pourquoi : il y eut des contemporaines de la sœur qui moururent à un âge
avancé ; par exemple, la sœur Anne-Victoire de Rémusat vécut jusqu'en 1760, et la
mère Billon jusqu'en 1770. Or, cette sœur et
cette intime amie d'Anne-Madeleine, au fond
peu satisfaites sans doute de la première *Vie*
publiée en 1760, durent nécessairement raconter à leurs compagnes moins anciennes,
les beaux faits et les grandes vertus dont
elles avaient été témoins, et le souvenir de
toutes ces choses se conserva naturellement
dans le monastère avec le soin qu'y mettent les maisons religieuses. En outre, le
premier monastère de la Visitation de Marseille reçut en 1782, au nombre de ses novices, la sœur Agathe-Elisabeth de Rémusat, nièce de la sœur Anne-Madeleine, et
fort instruite de la vie de sa tante. Cette belle
âme marcha sur les traces de sa sainte parente. Elle fut emprisonnée durant la Ter-

reur, et il s'en fallut de peu qu'elle ne pérît par la guillotine. Remise en liberté, dès que les temps le permirent, elle fonda un pensionnat, avec l'aide de son oncle, le grand vicaire de Rémusat, de retour de l'émigration. Les religieuses dispersées de la Visitation purent en partie rentrer dans leur monastère en l'année 1806. La sœur Agathe-Élisabeth, qui les soutint alors de son crédit et de ses aumônes, ne les rejoignit qu'en 1819. Elle vécut encore jusqu'en 1837, et fit trois triennaux de supériorité, laissant un souvenir impérissable non-seulement dans sa communauté, mais encore dans la ville de Marseille. Il paraîtra désormais évident que la tradition qui se conserve dans le monastère au sujet de la sœur Anne-Madeleine est entourée de toutes les garanties qui en assurent la vérité.

Pour terminer cet avertissement, nous

déclarons que dans tout le cours de cet ouvrage, nous avons entendu nous conformer
aux décrets d'Urbain VIII, du 13 mars 1625
et du 5 juin 1631.

# ANNE-MADELEINE DE RÉMUSAT

---

## CHAPITRE PREMIER

### LES PREMIÈRES ANNÉES

> *Deus providebit sibi victimam holocausti.*
>
> Dieu se choisira une victime pour lui être offerte en holocauste.
>
> *Genes.*, XXII, 8.

La dévotion au Sacré-Cœur de Jésus a pris de nos jours une extension nouvelle et merveilleuse. Elle ne nous apparaît plus seulement avec le caractère d'un culte privé destiné à perfectionner quelques âmes d'élite, mais comme un culte public dont on peut espérer beaucoup pour le salut de la société. Nous sommes témoins tous les jours de touchantes manifestations d'amour envers le

Cœur de l'Homme-Dieu, et le 16 juin 1875, au deux centième anniversaire de la grande révélation de Paray-le-Monial, nous avons vu tous les fidèles enfants de l'Église, répandus dans le monde entier, se consacrer unanimement à ce même Cœur, en des termes inspirés et recommandés par l'auguste Pontife Pie IX.

Il était juste que, à la vue de l'épanouissement de cette belle dévotion, la pensée se reportât vers les âmes qui, sous le souffle de l'Esprit de Dieu, l'ont implantée au milieu du monde chrétien. Aussi la vie de la bienheureuse Marguerite-Marie Alacoque est-elle connue maintenant de tous; on la médite, on l'admire, et l'on croit entendre encore la vierge de Paray-le-Monial annonçant les miséricordes du Sacré-Cœur. Il en est de même, toutes proportions gardées, des autres apôtres du Cœur de Jésus, du Père de la Colombière, ainsi que des fils de saint Ignace et des filles de saint François de Sales, qui ont tant contribué à l'établissement et à la propagation de la dévotion nouvelle. Enfin une autre âme apparaît dans cette histoire admirable, et voici qu'après plus d'un siècle d'oubli, les regards se tournent vers elle. Il est vrai, sa mission providentielle fut si considérable dans cet ordre de choses, qu'elle ne le céda peut-être en importance à aucune autre, si on en excepte celle de la bienheureuse Marguerite-Marie. La sœur Anne-Madeleine de Rémusat, religieuse au premier monastère de la Visitation de Marseille, fut dans la première moitié du dix-huitième siècle, l'ardente zélatrice de la dévotion au Cœur de Jésus-Christ. De même que sa devancière de Paray-le-Monial, Notre-Seigneur la choisit pour être *la victime et l'apôtre de son Cœur blessé*. Il fit d'elle ensuite la messagère de ses ordres auprès de Mgr de Belzunce, évêque de Marseille, et *la promotrice cachée de la consécration de cette grande ville au Sacré-Cœur*. Telle est l'âme privilégiée dont il sera question dans ces pages. Nous essayerons de répandre, s'il se peut, une lumière nouvelle sur sa mission, afin de glorifier par là le Cœur de l'Homme-Dieu.

La famille de Rémusat (ou Remuzat selon l'orthographe du temps), qui devait donner le jour à la sœur Anne-Madeleine, était une famille noble et ancienne de la Provence, établie depuis longtemps à Marseille. Elle portait le caractère de cette ville. L'antique cité fondée par les Phocéens, a été toujours, on le sait, une des plus prospères de l'Europe. Sa situation admirable au bord du vaste bassin intérieur autour duquel se sont préparées les destinées du genre humain, lui a valu de recevoir plus tôt que le reste de la France deux grandes choses, la civilisation avec la richesse d'abord, la foi chrétienne ensuite. Lazare, Marthe et Marie, que la tradition fait aborder à Marseille, y semblent avoir laissé une trace profonde de leur passage. En effet, ne doit-on pas dire que la foi vive et l'ardente charité des Marseillais sont comme un legs de cette famille de Béthanie que le Sauveur aimait tant? Ouverte du côté de Rome, Marseille reçoit dans sa première pureté le souffle catholique, en même temps que des vaisseaux innombrables lui apportent les trésors de tous les rivages.

Une fois établis dans cette ville, les Rémusat s'adonnèrent au commerce maritime (1), à l'exemple des Montolieu, des Candole et de

(1) V. Borel d'Hauterive, *Annuaire de la Noblesse de France de* 1847 *et de* 1864, articles Rémusat.

tant d'autres familles d'origine chevaleresque ou féodale, qui, sans crainte de déroger, s'enorgueillissaient de l'exercice de cette profession (1). Ils y acquirent des richesses considérables et une grande situation. Leurs alliances avec les premières familles de la cité, ainsi que les charges municipales qu'ils remplirent à différentes époques, leur procurèrent même du lustre. En outre, cette famille était profondément chrétienne, et les sentiments d'honneur et de probité étaient chez elle héréditaires (2).

Celle dont nous écrivons la vie naquit à Marseille le 30 novembre 1696. Ses parents, M. Hyacinthe de Rémusat, chef d'une importante maison de commerce, et madame Rémusat, née Anne Constant, avaient déjà eu six enfants, dont cinq fils. La nouvelle venue dans cette belle famille fut baptisée le jour même de sa naissance, à l'église Notre-Dame

(1) V. A. Fabre, *Histoire de Marseille*, liv. V. Marchetti, *Discours sur le négoce des gentilshommes de Marseille*. Le roi Charles IX, dans des lettres patentes de 1566, déclara que les familles nobles pouvaient faire le commerce sans déroger.

(2) *Vie de la vénérée sœur Anne-Madeleine de Rémusat*, c. 1. Nous donnons à la fin du volume une notice historique et généalogique de la famille de Rémusat.

des Accoules, et reçut le nom, très-aimé à Marseille, de Madeleine.

Ses parents ne négligèrent aucun soin pour la bien élever. Quoique impliqué dans de grandes affaires commerciales, M. de Rémusat considérait comme son premier devoir et sa plus chère occupation, de présider à l'éducation de ses enfants et de leur former l'intelligence et le cœur. Madame de Rémusat le secondait habilement. C'était une de ces femmes diligentes qui, au dire de l'Esprit-Saint, sont la couronne de leur époux (1). Elle aimait tendrement ses enfants, mais en mère chrétienne. A la fois perspicace, ferme et douce, elle savait aussi l'art de s'en faire aimer.

Dès sa plus tendre enfance, Madeleine parut heureusement douée, mais elle joignait à tous ses avantages une vivacité extraordinaire, qui les déparait. On entreprit de la corriger de ce défaut, et l'on y parvint. Grâce aux ressources que l'on trouva dans la volonté de l'enfant, qui apprenait de bonne heure à lutter contre elle-même, le naturel impétueux de Madeleine fut bientôt complétement ré-

_________

(1) Prov. xii, 4.

primé, et l'on vit briller en elle une piété aimable.

L'amour de la vertu angélique fut aussi chez elle un don du premier âge. Son extrême délicatesse et l'horreur qu'elle manifestait pour tout ce qui lui paraissait opposé à la décence, en furent des indices certains. Le mouvement de la grâce la poussait à refuser jusqu'aux caresses, pour lesquelles elle montrait une répugnance insurmontable. On s'en divertit d'abord, mais quand on eut compris enfin combien ce sentiment était sérieux et profond, on le respecta. Ainsi l'Esprit divin commençait à déposer dans cette âme candide, un attrait mystérieux pour la pénitence et pour l'austérité chrétienne.

Il lui apprit encore, dès les premières lueurs de sa raison, et cela par des touches intérieures de la grâce, que le vrai bonheur de la créature consiste à se donner à Dieu. Madeleine eut en quelque sorte l'instinct du cloître, et à peine pût-elle s'en exprimer, qu'elle montra le désir d'y entrer. Cependant l'ennemi de tout bien rôdait autour d'elle ; découvrant son côté faible, il l'attaqua par la vanité. La résistance fut molle ; et l'on vit

bientôt la fille de M. de Rémusat aimer folle-
ment la parure et se passionner pour les ajus-
tements. Ce fut là un des plus grands dangers
que courut cette âme. Combien d'autres y
ont vu périr le fruit de grâces précieuses !
Combien de jeunes âmes appelées à une vie
surnaturelle, remplies par l'Esprit divin d'attraits précoces pour l'état religieux, en un
mot, prévenues de grâces délicates et élevées,
et auxquelles l'amour des parures et des plaisirs a fait perdre une vocation de choix ! Dis-
traites par la vanité, elles ont cessé d'écouter
la voix intérieure qui leur parlait doucement,
et Dieu, les trouvant infidèles, s'est éloigné.

Pour Madeleine, qui ne comprenait point
combien cet amour de la vanité était répréhen-
sible, il n'en fut heureusement pas ainsi. Le
divin Maître ne se lassa point. Au contraire, il
fit briller dans cette âme une lumière très-
vive, et elle comprit tout. Ce fut un coup soudain. En un moment, elle conçut un profond
mépris pour le monde, et forma la résolution
de le quitter. Elle n'avait que huit ans quand
cette grâce lui fut accordée.

Son dessein arrêté, elle le garda secret,
parce qu'elle comprenait que l'heure n'était

pas venue de l'exécuter. Mais voici qu'elle apprit un jour qu'il y avait des communautés religieuses où les filles de son âge étaient reçues et agrégées à un Tiers-Ordre dont elles portaient l'habit, en attendant qu'elles fussent en état de s'engager irrévocablement dans la religion. A cette nouvelle, sa joie fut extrême. Ne pouvant plus modérer son ardeur, elle alla incontinent demander à ses parents la permission de quitter le monde et de se consacrer à Dieu dans un monastère de clarisses.

On devine l'étonnement de M. et de madame de Rémusat. Comment, en effet, auraient-ils pu soupçonner que, à un âge aussi tendre, leur fille avait été prévenue de la grâce et éclairée d'en haut ? Aussi ne virent-ils dans sa demande qu'un simple caprice d'enfant, et ne s'empressèrent-ils point d'y répondre, sinon par de vagues promesses. Mais ces promesses, Madeleine ne les oubliait point. Souvent elle les rappelait ; souvent elle parlait du bonheur qu'éprouve l'âme qui se consacre à Dieu. Évidemment, il se passait là quelque chose d'extraordinaire, et la vie surnaturelle grandissait dans cette âme angélique, en rayonnant au dehors. Ses parents finirent par

le comprendre, et craignant désormais de résister à la volonté de Dieu, ils résolurent d'accorder à Madeleine la faveur si ardemment
désirée. Comme ils avaient une parente au
second monastère de la Visitation de Marseille, ils donnèrent la préférence à cet établissement, s'y rendirent et convinrent avec
la supérieure de l'entrée de leur fille (1).

Au jour fixé, ils annoncèrent à Madeleine
qu'elle allait entrer au couvent. A ces mots,
l'enfant tressaillit de joie, et dans son premier transport, elle embrassa son père et sa
mère, afin de leur témoigner sa reconnaissance. M. et madame de Rémusat ne purent
retenir leurs larmes; mais elle, s'élevant déjà
au-dessus de la nature, les consola doucement et les pria de ne point différer son
bonheur. On la conduisit donc sur-le-champ

---

(1) *Vie*, etc., *loc. cit.* D'après les documents fournis par
la Visitation, cette parente paraît avoir été la sœur Thérèse-Elisabeth de Rémusat. Il y avait eu dans le monastère deux autres sœurs de Rémusat, toutes deux sœurs et
cousines de la sœur Thérèse-Elisabeth. C'étaient la sœur
Marie-Claire, qui mourut en 1705, à 18 ans, après
21 mois de profession, et la sœur Thérèse-Chrétienne,
qui mourut en 1704, à 25 ans, après 11 mois de profession.

au monastère. Chemin faisant, sa joie s'accrut, et elle éclata lorsqu'on mit le pied sur le seuil. Qu'était-ce donc que ce sentiment délicieux qui envahit alors son âme? C'était la bonne odeur du Christ, dont la terre fut remplie, dit saint Ambroise en parlant de l'Incarnation, lorsque le Cœur du Père céleste exhala son Verbe (1). Impliqués dans les affaires de ce monde, nous ne la sentons guère, mais l'âme prédisposée à l'extase de cette enfant de neuf ans, la respirait déjà, et, sous une telle impression, elle oubliait les liens de la famille et les plaisirs d'ici-bas.

Les premiers jours de la vie de pensionnaire lui parurent doux. Elle ne pouvait se lasser de bénir le Dieu qui l'avait tirée du monde, et elle se promettait de ne jamais repasser le seuil de la maison du Seigneur. On l'exhortait à persévérer dans ces bonnes dispositions, sans encourager néanmoins une vocation trop peu certaine encore. Cependant Madeleine, placée sous la direction de la Sœur maîtresse du pensionnat, commençait à se distinguer dans l'accomplissement de ses de-

_________

(1) *De Virginib.*, lib, III.

voirs, et elle devenait le modèle de ses compagnes. Celles-ci l'observaient de près, et
souvent d'un œil jaloux. Mais elles ne parve-
naient guère à la mettre en défaut, ni à lui
refuser leur admiration.

Ici se place un incident qu'il est nécessaire
de raconter, parce que Dieu s'en est servi
pour l'accomplissement de ses desseins.
Comme la plupart des jeunes filles de son
rang, Madeleine excellait dans les ouvrages
de main, et particulièrement dans l'art de la
broderie. Elle eut un jour le malheur de dérober un écheveau de soie qui lui appartenait,
mais que sa maîtresse lui avait enlevé, afin
de le faire servir plus tard à quelque ouvrage.
A cette faute légère, elle en ajouta une autre
plus considérable, en niant à deux reprises
différentes qu'elle eût enlevé la soie. La cloche
en ce moment appelait les élèves au souper.
Madeleine s'enfuit de la chambre de sa maîtresse pour se rendre au réfectoire. Dans le
corridor, son regard s'arrêta sur un tableau
qu'elle avait vu cent fois sans y prêter d'attention. Il représentait la trahison de Judas
et on y lisait ces paroles : « Celui qui veut
me trahir n'a qu'à user de mensonge. » Cette

fois, elle vit et elle lut, et soudain elle reçut une impression intérieure semblable à un coup de foudre tombant dans son âme.

On le comprend, il ne fut plus question ni de souper ni de récréation. Éperdue, éplorée, Madeleine court à la tribune de la chapelle, et là prosternée devant son Dieu, elle verse un torrent de larmes. C'était là que Dieu l'attendait. Tandis qu'elle est couchée sur le sol pour implorer son pardon, le divin Maître lui apparaît, chargé de sa croix. Il fixe lentement sur elle un regard à la fois plein d'indignation et de tendresse, et lui dit : « C'est vous, ma fille, qui m'avez mis en cet état. » Ces paroles produisent l'effet d'une flèche de feu pénétrant dans son cœur. Tandis que la douleur et l'amour s'y livrent un combat violent, elle est ravie en extase, et elle demeure longtemps absorbée dans le Dieu qui lui fait sentir ses attraits puissants. Enfin elle reprend possession d'elle-même et court se jeter aux pieds de sa maîtresse ; là elle avoue sa faute ; d'une voix entrecoupée de sanglots, elle supplie qu'on lui en fasse porter le juste châtiment. Son émotion était si profonde qu'il fallût apaiser la pauvre pénitente, et, bien loin de la punir, la consoler et la ranimer (1).

Ceux qui ont quelque expérience des voies de Dieu sur les âmes, ont déjà jugé de l'importance de la grâce que Dieu vient de faire à cette humble enfant. Cette grâce en présage d'autres, plus magnifiques encore. Le divin Maître ne commence à purifier une âme de si bonne heure et d'une façon aussi miraculeuse, que dans le dessein de la faire entrer très-avant dans sa mystérieuse clarté, puis de contracter avec elle une union des plus étroites, et de s'en servir enfin comme d'un instrument extraordinaire de sa providence. Au reste la grâce que nous venons de relater semble avoir porté de suite, et d'une manière visible, les fruits que Dieu avait en vue, puisque l'on hâta pour Madeleine l'époque de la première communion.

Il est facile de concevoir avec quelle ardeur elle se prépara à la réception du plus grand des Sacrements. Favorisée de la vision de Jésus, quelle haute idée ne devait-elle pas se faire du pain eucharistique qui le communique à nos âmes! La pensée de la commu-

_______

(1) *Vie*, etc. c. 2.

nion commença donc à l'absorber tout entière. Elle la saisissait à son réveil, s'imposait
à elle tout le jour, et l'occupait parfois durant
la nuit. Elle ne se lassait pas d'entendre parler du Sacrement de l'amour; elle ne se rebu-
tait ni des pratiques ni des mortifications
qu'on lui imposait pour s'y préparer. Tout le
temps qu'elle pouvait dérober à ses occupations, elle le passait devant le Saint-Sacrement, afin de répandre son cœur devant le
Cœur de Jésus. C'est là qu'elle reçut le don
des larmes. O don précieux! ô grâce éminente! car toute larme procède du cœur, et le
cœur donne des larmes aux yeux lorsque l'ardeur du désir les y fait naître. Pour glorifier
un Dieu infini, il faut lui offrir quelque chose
d'infini, et l'on a dit des larmes qu'elles sont
infinies par le désir infini de l'âme (1). N'est-
ce pas là ce qui apparut en Madeleine, lorsqu'elle répondit à sa maîtresse qui l'interro-
geait sur ce qu'elle avait : « Ce que j'ai, est-il
possible que vous me le demandiez, comme
si vous l'ignoriez ? Ne savez-vous pas que
j'aurai bientôt le bonheur de recevoir mon

_______

(1) Cathar. Senen. *Dial.*, xcii.

Dieu ? Je ne puis y penser sans verser des torrents de larmes. »

Le jour de la première communion luit enfin. Toujours c'est quelque chose d'ineffable et d'attendrissant que cette première rencontre du Roi de gloire avec un enfant. Les anges du ciel entourent avec admiration l'arche secrète de l'âme où se passe cette douce entrevue. Mais quand l'âme a été préparée par des dons extraordinaires, oh! quel spectacle plus sublime encore. Comme les trônes élevés abaissent leurs ailes sous les pieds de Dieu, ainsi l'âme abaisse ses puissances sous les pas de Jésus. Jésus et l'âme se donnent l'un à l'autre et se promettent un amour éternel. Et cette âme heureuse, goûtant pour la première fois les délices d'un repas divin, n'aspirera plus désormais qu'à plaire à l'hôte auguste qui la visite, et qu'à mériter la communion de l'éternité.

Est-ce là ce qui s'accomplit dans l'âme de Madeleine à l'heure de sa première communion ? Nous ne le savons, car elle n'a confié à personne le secret des opérations mystérieuses de son Époux; mais son air angélique, ses yeux baignés de pleurs et son visage enflammé annoncèrent qu'il se passait de grandes choses dans son intérieur.

D'ailleurs, par les effets qui suivirent, on put juger de l'importance de la grâce reçue. Un changement total s'opéra en elle. Les derniers vestiges de sa vivacité et de son empressement naturel pour les objets extérieurs et même pour les frivolités, disparurent tout à fait. Au contraire, on vit fleurir en elle de précieuses vertus : une vigilance qui n'était jamais interrompue, une exactitude qui embrassait tout, une docilité à toute épreuve, une obéissance qui courait au devant du commandement. Mais ce qui achevait d'exciter l'admiration de la communauté, c'était le don d'oraison qu'elle possédait à un très-haut degré. En effet, le regard de son esprit demeurait fixé en Dieu, et par delà les objets sensibles Madeleine semblait découvrir un objet invisible à d'autres, le Dieu qu'elle chérissait du fond de son âme. Telle elle apparaissait au milieu de ses compagnes, soit quand elle se mêlait à la conversation, soit quand l'obéissance l'appliquait à des travaux extérieurs. Mais la règle avait-elle mis fin à ses occupations diverses, aussitôt elle retombait sous le sentiment de la

présence de Dieu, et son oraison était continue. S'abandonnant alors sans contrainte à
son attrait invincible pour la prière, elle demeurait immobile et absorbée. Dans ces com-
mencements elle goûta dans la contemplation
d'ineffables délices : Jésus l'attirait par les
douceurs de son commerce. Sous l'impression
de cette grâce, son visage se transfigurait, et
l'on avait sous les yeux une rayonnante image
de la sainteté.

On éprouva son esprit d'oraison. Bien souvent l'autorité l'arrachait à la prière sous pré-
texte de lui donner des occupations extérieures. Malgré la peine qu'elle en ressentait,
elle s'empressait d'obéir. Mais elle s'efforçait
de regagner le temps perdu, en prenant sur
les heures de récréation. C'est de quoi sa maîtresse la reprit sagement, l'assurant que rien
n'était plus opposé à l'esprit de saint François
de Sales que les singularités, et que, si elle
désirait être comptée un jour au nombre de
ses filles, il lui fallait s'accoutumer à se contenter de la vie commune, et préférer le mérite de l'obéissance aux actions les plus saintes
de son choix. Cet avis produisit sur elle une
impression qui ne s'effaça plus ; et dès lors,

elle s'exerça constamment dans ce genre de sacrifice, qui est plus difficile et qui afflige davantage l'amour-propre et la nature.

Son obéissance devint donc parfaite, et l'historien de sa vie nous cite plus d'un trait qui prouve que souvent cette obéissance atteignit un haut degré de perfection. Comme, pour empêcher ses pieux excès en fait de privations, on lui avait ordonné de manger tout ce qu'on lui présenterait, il arriva un jour que par mégarde on servit à mademoiselle de Rémusat des fruits dont plusieurs étaient gâtés. Se souvenant de l'ordre de sa maîtresse, elle n'hésita pas un instant et mangea indifféremment les bons et les mauvais. Ses compagnes s'en aperçurent, et les railleries éclatèrent aussitôt. Mais la chère enfant ne répondit que par un silence modeste, offrant intérieurement à Dieu sa confusion, et s'estimant trop heureuse de partager les humiliations de son divin Maître.

Pour lui donner une occasion d'exercer sa vertu, la Providence permit que ce fait, incompris des élèves, commença à faire changer celles-ci d'idée sur le compte de mademoiselle de Rémusat. On ne la regarda plus qu'avec dédain ; on ne crut plus à sa vertu ; on interpréta mal toutes ses paroles et tous ses actes ; on l'accabla de traits piquants. Elle eut cette situation douloureuse, trop fréquente, hélas ! dans les établissements d'instruction, d'une élève devenue l'objet de l'antipathie et du mépris de la foule écolière. Il suffisait que Madeleine parut parmi ses compagnes, pour qu'un orage d'invectives et d'insultes fondît aussitôt sur elle. Au milieu de ces tempêtes, sa vertu ne se démentait point. La douce jeune fille comprenait tout, et sentait vivement l'injure, mais elle élevait son âme à Dieu, et rien dans son visage ne trahissait sa souffrance. Elle ne porta pas un mot de plainte à sa maîtresse. Ce mot, qui aurait pu mettre fin à des scènes douloureuses, elle ne le prononça point. Loin de fuir l'humiliation, elle l'aima surnaturellement, et s'y aguerrit. Bien plus, il arriva que les auteurs de ces injures et de ces invectives ne durent qu'à ses instances d'échapper au châtiment qui les attendait.

Ainsi la grâce formait cette âme si tendre et la préparait à sa glorieuse mission. Jusqu'ici c'était une préparation éloignée ; mais voici que l'action de Dieu va s'élargir, voici

que le divin Maître va prononcer la parole qui
décidera de toute sa vie.

L'oraison commence à devenir plus intime.
Madeleine y reçoit des faveurs célestes : lumières pénétrantes dans l'entendement, doux
embrasements dans la volonté. L'effet est de
l'unir plus étroitement à son divin Maître, et
de lui faire désirer sa présence avec plus
d'ardeur. Son goût spirituel pour la sainte
communion devient excessif : elle a faim du
pain eucharistique, jusqu'à en souffrir une
espèce d'agonie, jusqu'à trouver trop long
l'espace qui s'écoule entre les communions
qu'on lui permet les dimanches et les fêtes.
En même temps elle sent que Notre Seigneur
devient plus pressant : une voix intérieure lui
apprend mystérieusement les divines exigences. Mais la lumière n'est point complète
encore. Inquiète, elle supplie son divin Maître
de lui faire connaître sa volonté, promettant
de tout entreprendre, de tout souffrir pour
l'accomplir. Enfin le 2 juillet, fête de la Visitation, arrive ; Marguerite communie, et, après
la communion, comme elle redouble ses instances, elle entend Jésus lui dire au fond de
son cœur : « Je veux que tu me sois fidèle. »

En même temps une clarté soudaine l'envahit
et lui découvre une partie des desseins que
Dieu a formés sur elle. Elle comprend que
jusqu'à ce jour elle n'a fait que recevoir, qu'il
est temps de donner, et que la fidélité qui est
exigée d'elle doit consister à faire mourir
la nature et l'amour-propre. Revêtue d'un
courage divin, sur l'heure elle se déclare à
elle-même une guerre impitoyable. Désormais
Madeleine se poursuivra sans relâche, et nous
la verrons se renoncer en tout, se porter à ce
qu'elle déteste, et se priver de ce qu'elle aime.

Un jour, se sentant de l'horreur pour certains insectes, cette répugnance lui paraît une
délicatesse qu'il faut vaincre à tout prix ; et
persuadée que Dieu lui demande ce sacrifice,
elle prend un assez grand nombre de ses
insectes et les mange, sans laisser paraître
aucune marque extérieure de son dégoût.
Une autre fois, elle rencontre un vase plein de
sang et de débris de ces mêmes insectes, et se
sentant inspirée par une grâce intérieure, elle
le porte à ses lèvres et le boit jusqu'à la lie,
avant que sa maîtresse qui s'en aperçoit trop
tard, ait pu l'empêcher. Un jour encore, mé-
ditant sur les douleurs du couronnement

d'épines, et se sentant tout à coup animée d'un ardent désir de souffrir quelque chose de semblable, et d'imiter son Sauveur, elle saisit une longue et grosse épingle qui sert à attacher son voile, et elle se l'enfonce dans la tête avec assez de force pour se faire une plaie profonde (1).

Ainsi préparée pour le dessein providentiel, elle va recevoir communication de la grande parole qui doit caractériser sa vie. Le divin Sauveur s'approche de sa petite épouse, et abandonnant le ton d'un maître, avec lequel il lui avait parlé jusqu'alors, il semble lui ouvrir son Cœur, et la consulter comme on consulte un ami : *Ma fille, lui dit-il, je cherche une victime.*

A ce mot de victime, Madeleine se sent enflammée. Son ardeur pour la souffrance redouble, mais s'estimant mille fois indigne de servir à un tel dessein, elle n'ose pas s'offrir elle-même. C'est pourquoi, repassant dans dans son esprit les personnes les plus saintes qu'elle connaît, elle propose celle qui lui paraît

(1) *Vie*, etc., c. ii. V. aussi la *Circulaire du premier monastère de la Visitation de Marseille*, du 15 février 1730.

plus digne de recevoir une telle faveur. Mais Jésus lui répond : « Non, ce n'est pas celle que je veux. » Avec la même simplicité qui lui avait fait proposer la première, elle en propose successivement une seconde, et une troisième ; mais comme elle reçoit toujours la même réponse, elle prend le parti de se renfermer dans un respectueux silence, adorant la volonté de Dieu et lui abandonnant le soin de sa gloire. Jésus qui ne l'avait interrogée que pour éprouver son humilité et son amour, et pour la surprendre par un choix auquel elle ne s'attendait point, ne la laisse pas davantage en suspens. Avec une expression ineffable, avec une tendresse charmante, avec une complaisance qui lui fait se reposer sur le zèle de cette vierge courageuse, il lui dit : « C'est toi-même, ma fille, que je choisis pour ma victime » Et ayant prononcé ce mot solennel, ce mot de toute une vie, il disparait.

Ce mot tomba dans l'âme de Madeleine, avec une lumière extraordinaire, qui l'envahit tout à coup. Ce fut dans cette âme d'élite un amour, une admiration, une tendresse et une reconnaissance que la parole ne peut décrire. Elle se sentit comme pénétrée de Dieu, et abîmée dans le Cœur de son Jésus. Quand elle fut revenue à elle, quand elle eût mesuré son bonheur, et compris qu'elle était élevée à la dignité d'épouse et de victime de l'Agneau divin, elle s'anéantit profondément, et de même que Jésus s'était livré à son Père comme une hostie d'agréable odeur (1), ainsi elle fit d'elle-même une offrande totale et irrévocable (2).

Quand une victime est offerte en sacrifice, elle l'est d'après une certaine loi, qui détermine le rite de l'oblation et le mode de la destruction. Les différents sacrifices de l'ancien Testament ne sont tous que des figures imparfaites du sacrifice unique, parfait et typique de Jésus-Christ. Ils nous présentent aussi des images du sacrifice mystique des âmes qui s'immolent à Dieu en union avec l'Agneau. Cherchons par conséquent dans l'ancien Testament la loi de ce sacrifice où la victime est tout entière consumée par la flamme sacrée. Voici, d'après le Lévitique, la loi de l'holocauste : « La victime sera brûlée

_______

(1) Ephes., v. 2.
(2) *Vie*, etc., c. 2.

sur l'autel toute la nuit jusqu'au matin dans le feu de l'autel (1). » Oui, telle est bien l'idée que nous nous faisons du sacrifice de Madeleine. Madeleine sera consumée tout entière sur l'autel du Cœur de Jésus-Christ, par la flamme de l'amour divin qui en sort. Elle sera ainsi brûlée toute la nuit jusqu'au matin, c'est-à-dire durant sa vie entière et jusqu'à l'aurore de son éternité. Déjà la divine charité la presse, et elle ne soupire plus qu'après le feu de la douleur.

Sa première épreuve fut ce véhément désir de souffrir. Il crût toujours jusqu'à devenir un véritable tourment. Le jour de la fête de sainte Thérèse, Madeleine s'en plaignit vivement à Notre-Seigneur et elle le conjura, par la qualité de victime dont il avait daigné l'honorer, de lui faire part enfin de sa croix. Elle entendit alors une voix intérieure qui lui dit : « Tu seras exaucée. » Elle ne le fut néanmoins que plusieurs semaines après, à la fête de saint François-Xavier, mais ce jour-là elle le fut pleinement, bien qu'en un mode auquel elle était loin de s'attendre. Dieu tout à coup

_______________

(1) Levit , VI, 9.

sembla l'abandonner, et lui retirer toutes les faveurs sensibles. Le don des larmes, la ferveur qui lui rendait tout facile, les délices divines ressenties dans la prière, les vives lumières qui environnaient son intelligence, les sacrés transports qui élevaient son cœur, et enfin cette douce paix intérieure qui faisait ressembler son âme à une eau calme, caressée et pénétrée par les rayons du soleil, — tout lui fut ravi en un moment. En revanche, elle ne sentit plus que des sécheresses, des ennuis, des répugnances. Des ténèbres épaisses envahirent son esprit; son cœur fut brisé par la crainte et désséché par la douleur. Le tabernacle était muet pour elle, et Dieu ne lui apparaissait plus comme un ami, mais comme un juge irrité. Enfin de quelque côté qu'elle se tournât, elle ne rencontrait plus que des pensées désolantes.

C'est ce moment que Satan choisit pour attaquer Madeleine. Il lui représenta que jusqu'à ce jour elle avait été le jouet des illusions, qu'elle n'avait fait qu'irriter le ciel, et qu'il ne lui restait qu'un moyen pour plaire à Dieu, c'était d'en finir avec la vie, afin de mettre fin du même coup à ses désordres. L'esprit tentateur réussit à lui persuader que l'intérêt de la gloire de Dieu exigeait ce sacrifice et l'on n'aura pas de peine à comprendre qu'une enfant de seize ans fût mal aguerrie contre de tels artifices. Mais Dieu veillait sur elle, et il mit sur son chemin une religieuse qui, découvrant la ruse de l'enfer, prévint un acte de désespoir, et qui, par de douces paroles, essaya de dissiper son trouble.

Néanmoins les peines ne se dissipèrent point, et la lutte devint plus acharnée. Le caractère de Madeleine s'y trempa, son courage y grandit, il atteignit l'héroïsme. A la tentation, cette enfant d'un âge encore si tendre opposa une fidélité à toute épreuve, une vigilance admirable, une parfaite exactitude à remplir des devoirs pour lesquels elle n'éprouvait que de violents dégoûts. C'est ainsi qu'en croyant ne plus aimer Dieu, elle l'aimait d'un amour plus pur, elle le glorifiait d'une manière plus digne de lui. C'est ainsi qu'elle infligeait au tentateur une défaite plus honteuse. Car il n'y a pas de plus honteuse défaite pour l'enfer, que celle qu'il essuie de la part d'une âme en apparence abandonnée de Dieu, et sevrée de toute consolation spirituelle.

On ne peut disconvenir que la voie que Dieu
ouvrait à sa fidèle servante, ne fût une voie
pénible, hérissée de difficultés, dans laquelle
elle ne pouvait marcher que sous la conduite
d'un guide instruit et capable. Or, la pauvre
enfant ne trouvait point chez le confesseur
ordinaire du monastère le secours dont elle
avait besoin. Elle s'en ouvrit à sa maîtresse,
qui paraît avoir été à cette époque sa tante
elle-même, la sœur Thérèse-Élisabeth de Rémusat (1). Celle-ci se chargea volontiers de lui
obtenir pour directeur un religieux de la
Compagnie de Jésus, très-vraisemblablement
le père Milley. En cela elle agissait conformément à l'esprit de saint François de Sales.
Cet éminent directeur de conscience avait
toujours soutenu la nécessité d'un guide dans
les voies spirituelles (2), et conformément à
l'esprit de l'Église, il avait recommandé avec
force que pour le choix d'un confesseur, on
laissât aux âmes cette liberté sainte et juste,

---

(1) D'après les documents conservés aux archives du
second Monastère de la Visitation, la sœur Thérèse-
Elisabeth mourut le 23 août 1729, agée de 39 ans et de
21 ans de profession.

(2) *Introduction à la vie dévote*, prem. part., c. 4.

qui rend le joug du Seigneur suave et léger (1). Madeleine usait donc d'un droit inviolable et sacré, en réclamant le secours d'un directeur capable de la soutenir dans ses luttes intérieures, de même que la sage maîtresse accomplissait un devoir en se faisant l'interprète du désir de son élève auprès de la supérieure du monastère. Malheureusement celle-ci trouva des raisons pour s'opposer à ce dessein, et la faveur demandée ne fut point accordée (2).

Placé à une grande distance de ce fait, il nous est difficile de juger la conduite de la digne supérieure. Néanmoins, en rapprochant de ce dernier incident les événements d'un caractère surnaturel que nous avons racontés déjà, nous sommes induit à croire que Dieu, dans un dessein qui nous sera connu dans un moment, avait voilé l'âme de Madeleine pour tous les supérieurs de ce monastère, sauf peut-être pour la maîtresse du pensionnat. Sinon, comment expliquer, en effet, que des religieuses formées à l'école de la Visita-

----

(1) *L'Esprit du B. François de Sales*, part. xvii<sup>e</sup>, sect. 15.

(2) *Vie*, etc., c. 3.

tion, et instruites des voies surnaturelles, se fussent méprises, par exemple, au sujet de l'apparition du Sauveur chargé de sa croix, racontée par une enfant aussi candide que Madeleine, et qui présentait des preuves aussi extraordinaires et de l'improbabilité de toute illusion de sa part, et de la véracité de ses affirmations? Ou bien, si elles ont admis ce fait, comment expliquer qu'elles n'en ont pas auguré de suite que la Providence formait cette âme pour de grandes choses, qu'elle la mènerait, en conséquence par des voies très-hautes, et qu'un guide éclairé devenait indispensable? Quoi qu'il en soit, ce qui nous est parfaitement connu, c'est le dessein providentiel auquel nous venons de faire allusion. Le divin Maître avait résolu de placer sur un autre théâtre celle qui devait glorifier son Cœur, et c'est sans doute pour atteindre une telle fin, qu'il amena les incidents décrits plus haut.

Madeleine respecta le refus que lui infligeait sa supérieure, mais jugeant qu'il lui serait impossible de se soutenir dans son état d'épreuve sans aucun secours extérieur, elle résolut de rentrer momentanément dans la

maison paternelle, afin de pouvoir en toute
liberté se remettre entre les mains du guide
que Dieu lui destinait dans la Compagnie de
Jésus. Cette résolution, qui peint la fermeté
de son caractère et la justesse de son jugement, ne tarda point à s'accomplir. En effet
M. de Rémusat s'étant rendu au monastère
quelque jours plus tard, apprit le désir de Madeleine. Comme on le devine, il ne se fit pas
prier, et il emmena sa fille sur-le-champ.
Celle-ci abandonna donc le deuxième monastère de la Visitation, asile sacré qu'elle ne
devait plus jamais revoir (1).

(1) *Vie*, etc., c. 2

# CHAPITRE II

LA VOCATION RELIGIEUSE

> *Quid enim mihi est in cœlo ?*
> *et a te quid volui super terram ?*
>
> *Defecit caro mea, et cor meum :*
> *Deus cordis mei, et pars mea*
> *Deus in æternum.*
>
> Qu'y a-t-il pour moi dans le
> ciel, et sans vous, qu'ai-je désiré
> sur la terre ?
>
> Ma chair et mon cœur sont
> tombés en défaillance : ô Dieu,
> vous êtes le Dieu de mon cœur,
> vous êtes mon partage pour
> toujours.
>
> Ps. LXXII, 25 et 26.

Lorsque Madeleine rentra dans la maison paternelle, c'était encore une enfant de treize ans. Au dire de son biographe, elle avait une taille au-dessous de la moyenne, et elle se penchait un peu en marchant, indice d'une complexion délicate. Ses traits n'avaient ni défauts ni avantages ; mais sa belle âme

3.

rayonnant sur son extérieur, lui donnait un aspect distingué. Si elle portait déjà sur le front les vestiges de ses douleurs intérieures, son regard n'en était pas moins serein, et son air gracieux et affable.

Quant à ses qualités intellectuelles, elles semblent avoir dépassé de beaucoup ce qu'on devait attendre de son âge. Mademoiselle de Rémusat avait l'imagination vive, l'esprit pénétrant, la mémoire heureuse, et un jugement déjà quelque peu exercé. Parlait-elle de Dieu, son cœur embrasé de l'amour divin passait sur ses lèvres, et de cette source féconde jaillissaient des paroles de feu qui remuaient les auditeurs. Ajoutez à cela qu'elle avait appris à se perdre de vue elle-même, en sorte que dans ses rapports avec d'autres personnes, elle s'accommodait facilement de leur façon d'agir, et parvenait bientôt à gagner leur confiance. (1)

A cette jeune fille accomplie on fit un accueil empressé dans la maison paternelle. L'affection qu'on lui avait vouée grandit encore lorsque le temps eut permis d'apprécier

_______

(1) *Vie,* etc., c. 3.

les qualités précieuses que l'éducation avait
développées chez elle, ainsi que les vertus
aimables que la grâce avait fait éclore dans
son âme. On se mit avec d'autant plus d'ardeur à gagner Madeleine au monde. Se souvenant de son goût d'autrefois pour la toilette,
ser parents lui offrirent de nouvelles parures,
pour la mettre en état de paraître dans les
réunions avec agrément. Mais elle déclina ces
offres, et, profitant des bonnes dispositions
qu'on lui témoignait, elle demanda qu'on la
laissât quelque temps à elle-même, avec la
pleine liberté de vaquer à ses exercices de
piété. Elle obtint cette faveur, sans qu'elle eût
besoin de s'expliquer davantage. Du reste personne ne soupçonnait qu'elle pût rentrer dans
l'état religieux, dont elle avait paru s'éloigner
volontairement.

Le premier usage qu'elle fit de sa liberté,
fut d'aller trouver l'homme de Dieu qu'elle
avait souhaité d'avoir pour guide et pour confesseur. Le révérend père Milley était un religieux de la Compagnie de Jésus, d'une vertu
éprouvée, et d'une grande expérience dans la
conduite des âmes. Dieu lui avait réservé la
gloire de diriger celle qui allait devenir

l'apôtre du Sacré-Cœur à Marseille, de même qu'il avait autrefois réservé au père de la Colombière, l'honneur d'aider de ses lumières la bienheureuse Marguerite-Marie. Nous aimons à rapprocher ces deux faits, parce qu'ils témoignent du dessein providentiel qui avait uni la Compagnie de Jésus et l'ordre de la Visitation, en vue de la grande œuvre de la propagation du culte nouveau.

Madeleine se rangea donc sous la direction de ce maître si éclairé dans les voies de Dieu ; elle lui découvrit toute son âme, et lui rendit un compte exact des opérations de la grâce en elle. Le père Milley apprit à sa pénitente, dans les entretiens suivis qu'il eut avec elle au sacré tribunal, la manière de se conduire dans l'épreuve. Afin de la faire triompher des sécheresse et des dégoûts qui l'accablaient dans l'oraison, il lui conseilla de prolonger le temps qu'elle destinait à cet exercice. En même temps, pour ne pas accabler la nature, il lui ménagea chaque jour, dans les œuvres extérieures, des délassements conformes à la piété. On voyait mademoiselle de Rémusat visiter les églises, servir les malades dans les hôpitaux, consoler les affligés, soulager les pauvres. Cette conduite produisit un double effet. D'abord elle aida cette enfant éprouvée à surmonter l'accablement de son esprit. Ensuite elle lui concilia l'estime et même la vénération publique. Son exemple édifia la société marseillaise. On alla de préférence aux églises qu'elle fréquentait ; on prisa très-haut la faveur de l'entendre parler du ciel ; plusieurs âmes, en la contemplant, devinrent meilleures, et s'adonnèrent publiquement à la piété. Dieu, dont les voies sont admirables, ménageait à sa servante l'empire des cœurs, afin qu'elle pût s'en servir un jour pour la glorification du Cœur de Jésus.

Néanmoins, ce n'était pas plus le monde que le deuxième monastère de la Visitation, que la Providence avait choisi pour théâtre de la vie et de la mission de Madeleine. Il lui en destinait un autre, et de le découvrir, c'était la question qui s'imposait alors. Madeleine fut fidèle à la voix de la grâce et à la voix de son directeur, et Dieu remplit ce dernier d'une lumière suffisante pour résoudre cette question fondamentale selon ses desseins providentiels.

Le père Milley fut donc inspiré d'indiquer à

sa fille spirituelle le premier monastère de la
Visitation de Marseille. Les attraits de Madeleine pour la vie des visitandines, ainsi que sa
qualité de victime du Sacré-Cœur, justifiaient
le choix de l'ordre. Et quant au choix de la
maison religieuse, il s'expliquait par ces deux
motifs : le premier monastère de la Visitation
ne renfermait point, à la différence du second,
des âmes, avec lesquelles la prétendante eût
déjà contracté des liens, ce qui rendait son
sacrifice plus parfait, et en outre, ce monastère, rempli de l'esprit de saint François de
Sales, et gouverné par une des supérieures
les plus saintes et les plus capables de tout
l'ordre, avait vu fleurir de bonne heure la
dévotion au Cœur adorable de Jésus-Christ.
Le sage directeur imposa à Madeleine de se
présenter elle-même à ce monastère, et il
s'abstint de lui préparer les voies, afin de l'humilier et de lui procurer le mérite de cette
démarche.

Elle se présente donc au parloir, comme
l'obéissance le lui demandait. Son air modeste
charme la supérieure et les religieuses qui la
reçoivent ; sa conversation les ravit d'admiration ; et son nom, quand il est prononcé, ce

nom si avantageusement connu à Marseille, achève de les remplir de joie. A une sœur qui l'interroge, elle ne répond que ce mot : « Que Dieu est bon, madame ! » Mais ce mot paraît sortir d'un brasier ardent. Bref, on s'aperçoit facilement que la vie surnaturelle a pris entièrement possession de cette jeune fille de quinze ans, et l'élève au-dessus des personnes de son âge. Aussi la supérieure promet à la nouvelle postulante de consulter Dieu dans la prière, et elle lui assigne une nouvelle entrevue.

Dans cette seconde visite, Madeleine fut examinée par les conseillères, selon les usages de l'ordre. Leur avis fut unanimement favorable. Mais comme la postulante n'avait point le consentement de sa famille, et qu'elle craignait même de ne jamais l'obtenir, la Mère Nogaret, supérieure du monastère, résolut de consulter monseigneur de Belzunce, évêque de Marseille.

L'illustre prélat affectionnait singulièrement le premier monastère, et il avait en particulier une très-haute estime pour la Mère Nogaret. Celle-ci, de son côté, vénérait monseigneur de Belzunce comme un père, et dans les circonstances graves, elle recourait avec confiance à sa haute sagesse. Elle obtint facilement de lui qu'il examinerait à fond la vocation de mademoiselle de Rémusat, dont la famille du reste lui était chère. Introduite auprès de lui, Madeleine lui découvrit toutes les grâces que Dieu lui avait faites, ainsi que les secrètes dispositions de son cœur. L'ange de l'Église de Marseille, qui avait un si profond amour des âmes, et de si vives lumières pour les gouverner, ne tarda point à reconnaître en elle une âme d'élite, sur laquelle Dieu avait des desseins particuliers et même sublimes. Il constata aussi la certitude de sa vocation, et lui enjoignit de répondre sans tarder à l'appel du Seigneur. Enfin, devenu à un titre particulier, le père spirituel et l'intime confident de l'humble Madeleine, il lui voua une affection surnaturelle et touchante qui ne se démentit jamais. (1)

Quelque temps après ces entrevues de l'évêque avec sa fille spirituelle, le 2 octobre 1711, jour où l'Église célébrait la fête des saints anges gardiens, mademoiselle de Rému-

(1) *Vie*, etc., c. 4; *Lettre de Mgr de Belzunce à la mère de Gréard*, du 10 mai 1732.

sat s'étant levée de grand matin, quittait la maison paternelle, sans en avertir sa famille, et se rendait au monastère, pour y occuper la place qu'elle avait obtenue. En franchissant pour toujours ce seuil sacré, l'aimable postulante ne peut contenir les délices qui l'inondent, et les vénérables religieuses qui la reçoivent ne sont pas moins impuissantes à cacher leur joie. La supérieure du monastère la bénit et la presse sur son cœur ; les sœurs du noviciat l'embrassent avec tendresse ; toutes échangent avec elle des marques d'un saint empressement. Car il est doux, il est avantageux pour des sœurs d'habiter ensemble dans les parvis sacrés (1), et d'entourer l'autel du Dieu vivant, pour entendre la louange et pour redire les merveilles du Seigneur (2). C'était donc à bon droit, ô famille religieuse aimée du cœur de Jésus-Christ, que vous bénissiez le ciel de ce qu'il vous donnait une voix nouvelle et pure pour vos saints concerts.

Cependant d'autres sentiments éclataient dans la maison de M. de Rémusat. On y appre-

(1) Ps. cxxxii, 1.
(2) Ps. xxv, 6, 7.

nait l'entrée de Madeleine dans le cloître, et
le trouble égarait pour un moment les parents de la courageuse enfant. Ils courent
tous les deux au monastère. Après quelques
plaintes arrachées par la douleur, ils voient
leur fille. Madeleine, revêtue d'une force
céleste, demeure calme et sereine au milieu
de l'orage. Ni les reproches amers, ni les
douces sollicitations, ni les larmes attendris-
santes ne peuvent l'ébranler. Enfin elle parle
à son tour, et la grâce inspire ses paroles. A
sa voix, peu à peu le calme renaît dans ces
âmes troublées. M. et madame de Rémusat se
rendent enfin, en entendant leur fille plaider
si saintement sa cause. Ils admirent sa géné-
nérosité, et l'amour divin reprenant le dessus
dans leurs cœurs, ils triomphent d'eux-mêmes,
et font à Dieu le sacrifice de leur fille (1).

Les portes du cloître se fermèrent donc sur
mademoiselle de Rémusat, et la pieuse postulante fut mise en possession de son bonheur.
Le Seigneur devenait sa part d'héritage et sa
portion de calice (2). Elle entrait dans cette
phalange d'âmes religieuses, figurées par les

(1) *Vie*, etc., c. 4.
(2) Ps. xv, 5.

Nazaréens de l'ancienne Loi, âmes couronnées et consacrées, que Dieu promet de rendre plus blanches que la neige, et que, par une victoire toujours renouvelée de sa grâce sur le monde, il arrache jeunes, belles et pleines d'espérance à chaque génération (1). Oui, tel est le triomphe perpétuel de Jésus-Christ, et telle est aussi la félicité à laquelle s'élève une âme qui fuit tout pour se livrer au Roi céleste : dépouillée des ornements du siècle, bientôt une auréole immortelle entoure son front. Elle le comprenait, la douce enfant dont nous racontons les vertus, et tressaillant d'une joie pure, elle ne songeait plus qu'à bénir le ciel et à se rendre digne de l'appel d'en haut.

Quel était cependant le milieu dans lequel allait vivre désormais la jeune postulante? Il est historiquement démontré que le premier monastère de la Visitation de Marseille était à cette époque, comme il l'est encore aujourd'hui, une maison exemplaire. Mgr de Belzunce constatait, dans une de ces visites canoniques, qu'il semblait devenu la demeure

(1) Num. vi, 18-21; Iud. xiii, 5, 7; xvi, 7; Thren. iv, 7; Amos. ii, 11.

du Dieu de la paix (1); et dans la lettre qu'il adressa plus tard à la Visitation, ce prélat expérimenté assurait que cette maison jouissait d'un grand renom à Marseille, que la paix, l'union, la régularité, la piété, la ferveur, le premier esprit de saint François de Sales n'avaient point cessé d'y régner, et enfin qu'elle était en tous sens la bonne odeur de Jésus-Christ (2). A l'époque dont nous nous occupons, ce monastère possédait encore des sœurs anciennes, formées à l'école des premières mères. Les supérieures étaient des âmes d'un mérite rare et d'une éminente piété. Quant au noviciat, il était fervent. On y enseignait à pratiquer les vertus religieuses avec cette noble suavité qui est le propre des filles de saint François de Sales, et qui contribue si puissamment à rendre les vertus aimables (3).

La direction du monastère était alors, comme il a été dit déjà, entre les mains de la mère Anne-Théodore Nogaret. Issue d'une très-honorable et très-chrétienne famille du

(1) *Vie*, etc., c. 4.
(2) *Lettre à la mère de Gréard*, du 10 mai 1732.
(3) *Vie*, etc., c. 4.

Languedoc établie à Marseille, cette belle âme entra au noviciat dès l'âge de quinze ans. Elle passa successivement par des épreuves extérieures et intérieures qui la préparèrent à sa grande mission. Son humilité était profonde, et elle possédait le don d'oraison à un haut degré. Il lui échappa de dire un jour que, si on l'enfermait pour la vie entière dans une obscure prison, elle trouverait assez d'occupation intérieure à aimer et à adorer incessamment la souveraine grandeur de Dieu, pour ne jamais s'ennuyer. Comment peindre son esprit de mortification, sa parfaite observance, sa tendre charité? Du fond de son tabernacle, Jésus lui avait appris, en quelques paroles distinctes, que l'aumône et la prière soutiendraient la maison religieuse confiée à sa garde, et elle ne faillit point au devoir. Elle occupa alternativement les premières charges du monastère. Comme supérieure, elle montra une sagesse admirable et une grande élévation de vues dans le gouvernement de cette belle communauté; comme directrice des âmes, elle fit preuve de lumières extraordinaires, et cela tout particulièrement dans la conduite de la sœur Rémusat, pour laquelle

il semble qu'elle ait été préparée par le Sacré-
Cœur lui-même. Sa munificence éclata dans
la construction du retable d'autel de l'église
du monastère, qu'elle fit exécuter en marbres
précieux d'Italie. Quant à son influence, elle
fut considérable en dehors même du cloître,
et l'on peut dire qu'elle produisit d'heureux
effet, principalement pour la répression du
Jansénisme (1). Aussi ne se faut-il pas étonner si la Mère Nogaret avait une réputation
extraordinaire, que néanmoins son humilité
lui cachait. L'évêque de Marseille, l'archevêque d'Aix, les jésuites de la Provence, la
comtesse de Grignan, petite-fille de sainte
Chantal, et femme du lieutenant général du
roi, lui avaient voué une profonde vénération.
Et tandis que le père général de la Compagnie de Jésus affiliait spirituellement son monastère à cette sainte et illustre société, les
missionnaires du Maduré bénissaient au loin
sa main généreuse. Telle fut la mère Anne-
Théodore Nogaret, l'une des plus belles âmes
de la Visitation d'alors, et l'une des supé-

(1) V. par exemple sa *Circulaire* du 2 mai 1729, au
sujet de la conversion de la sœur de la Bastide, visitandine de Castellane.

rieures les plus éclairées et les plus saintes
que cet ordre illustre possédât jamais (1).

A côté de cette noble figure, plaçons une
autre figure non moins belle peut-être. La
mère Anne-Augustine Gravier, appartenant à
une famille riche en vertus et pourvue en
même temps des biens de la terre, s'enfuit de
la maison paternelle, sous l'inspiration de la
grâce, pour se réfugier dans l'asile de la religion. Des souffrances physiques et des épreuves morales purifièrent cette âme, que l'Esprit-Saint orna ensuite d'une profonde humilité, d'un amour pour Dieu tendre et généreux, et d'un esprit des plus fermes. Elle eut
l'insigne honneur d'introduire dans le monastère la dévotion au Sacré-Cœur de Jésus,
en surmontant avec un admirable courage
les fortes oppositions que cette aimable dévotion rencontra à son début dans la plupart
des maisons de l'ordre. Aussi c'est à elle que
l'on doit l'établissement d'un oratoire dédié

(1) Elle mourut à un âge avancé, en 1731, après 21 ans
de supériorité. V. les *Circulaires de la Visitation de Marseille*, du 4 juillet 1728 et du 2 mai 1731 ; l'abrégé de sa
vie et de ses vertus de la même date ; enfin une lettre
adressée au monastère et datée du 5 juin 1731.

au divin Cœur dans l'intérieur du cloître, à elle et à sa sœur, Anne-Aimée Gravier, que l'on est redevable de l'édification de la chapelle du Sacré-Cœur dans l'église du monastère. Ses vertus, ses lumières, son esprit religieux la firent choisir pour remplir successivement les fonctions de supérieure et de maîtresse des novices, dont elle s'acquitta de manière à laisser dans cette sainte maison un souvenir ineffaçable (1). Que les voies de Dieu sont belles ! La mère Nogaret et la mère Gravier, toutes les deux amantes du Sacré-Cœur, toutes les deux remplies de l'esprit de saint François de Sales et de sainte Chantal, toutes les deux distinguées dans leur ordre par un zèle brûlant et par une sagesse consommée, sont choisies par la Providence pour recevoir dans leurs mains maternelles et délicates l'âme suave et pure à qui de si grandes destinées semblent promises. Et tandis qu'il les forme, Dieu prépare encore au loin, dans la sainte source de la Visitation, une autre âme maternelle, Françoise-Bénigne d'Orlyé de Saint-Innocent, professe d'Annecy, qu'il

______

(1) *Circulaire* du 19 mai 1713. La mère Gravier mourut en cette année.

suscitera à son heure, qu'il amènera à Marseille, et à laquelle il confiera le gouvernement du monastère dans les moments les plus critiques, et la direction de la sœur Rémusat arrivée au point culminant de sa carrière (1).

Autour de ces grandes âmes, astres brillants dans le ciel de la vie religieuse, graviteront, durant la vie de la sœur Rémusat, d'autres âmes élevées et pures, pleines de l'esprit de Dieu. Ce sera, par exemple, la Mère Marie-Charlotte Billon, âme fervente et mortifiée, obéissante et charitable, toujours sereine, toujours égale à elle-même, et dans les épreuves spirituelles, et dans les souffrances physiques, et dans les contradictions extérieures. Entraînée vers l'état religieux qu'elle abhorrait, par une grâce soudaine, miraculeuse, et entrée au monastère quelque temps avant la sœur Anne-Madeleine, cette dernière ne tardera point à se rapprocher d'elle. On verra ensuite ces deux âmes s'unir, sous le souffle d'en haut et sous l'œil des supérieures, par un lien doux et fort, d'un caractère tout surnaturel. On les verra, pénétrées de respect l'une pour l'autre,

_________

(1) Cette professe d'Annecy demeurera 9 ans à Marseille. V. la *Circulaire* du 4 juillet 1728.

se communiquer mutuellement leurs plus intimes secrets et sortir de leurs doux colloques comme des séraphins embrasés. On verra enfin la mère Billon survivre pendant de longues années à son angélique amie, garder précieusement sa mémoire, et devenue l'une des plus saintes supérieures du monastère de Marseille, léguer cette mémoire précieuse à tout l'Institut (1).

Nous mentionnerons ensuite Anne-Victoire de Rémusat, la sœur aînée de la pieuse novice, et en même temps sa plus précieuse conquête. Appelée à la vie religieuse, mais combattue par son excessive tendresse pour sa famille, les prières et l'exemple de sa cadette lui obtiendront la force de s'arracher des bras de sa mère pour répondre à la vocation d'en haut. Une fois sa retraite effectuée, elle édifiera le noviciat et ensuite le monastère par sa ferveur, par sa régularité, par son esprit d'oraison, par son zèle dans l'accomplisse-

---

(1) *Abrégé de la vie et des vertus de la mère Billon.* La mère Billon mourut le 26 mars 1770. C'est elle qui a fait publier la *Vie de la sœur Anne-Madeleine*, et qui a communiqué cet ouvrage à l'Ordre de la Visitation, par sa *Circulaire* du 12 août 1760.

ment des devoirs de ses charges diverses, par son industrieuse charité envers les malades dont elle sera l'infirmière, digne, en un mot, du lien que Dieu avait formé entre elle et sa vertueuse sœur (1).

Faut-il maintenant distinguer dans ce noviciat nombreux et fervent, et dans cette communauté aux vertus antiques, tant d'âmes qui influeront par leurs prières et par leur conduite sur la formation de la sœur Rémusat, ou qui recevront de cette dernière un bien spirituel plus considérable encore ? Nous rencontrerons en premier lieu cette jeune sœur Anne-Cécile Olivier, témoin ingénue des langueurs surnaturelles et des soupirs d'amour de sa vertueuse compagne, et cette séraphique sœur Anne-Élisabeth Truilhard, à qui la sœur Rémusat éclairée d'un rayon d'en haut, annoncera que Jésus l'a choisie pour devenir l'adoratrice perpétuelle de son Cœur. Nous rencontrerons ensuite la sœur Catherine-Marie Saint-Jacques, âme retirée, silencieuse, inondée de délices célestes, et perdue dans la contemplation des splendeurs de la Divinité. Un

_______

(1) Elle mourut à l'âge de 65 ans, le 12 août 1760. V. la *Circulaire* de cette époque qui la concerne.

jour on la surprendra ravie en extase et prosternée depuis trois heures la face contre terre
et les bras en croix. Une autre fois, on la
verra passer une nuit entière, la nuit du Jeudi-
Saint, à genoux et immobile; brûlant de zèle,
elle fera vœu de ne rien dire ni faire que pour
servir la gloire de Dieu, que pour satisfaire à
l'obéissance et à la charité; et elle ne s'envo-
lera de la terre qu'après avoir été exercée
dans d'affreuses souffrances, et purifiée par
un martyre intérieur des plus délicats.

Voici l'angélique sœur Thérèse-Marie Pautrier, que son père, un saint dans le monde, a
offerte à Dieu avant sa naissance. Ornée de
tous les agréments qui charment, elle a fui la
maison paternelle pour se réfugier dans le
cloître et y pratiquer toutes les vertus religieuses. Voici encore Anne-Aimée Gravier,
sœur de la mère de ce nom. Notre-Seigneur
lui dira, au jour de sa profession, qu'il l'é-
pouse sur le Calvaire, et que son front ne
portera jamais qu'une couronne d'épines.
Cheminant par des voix intérieures rigoureuses, éprouvée par des tentations affligean-
tes, prévenue en même temps de grâces extraordinaires, elle parviendra à une étroite

union avec Dieu. Après ces belles âmes apparaîtra Théodore-Élisabeth du Clos, vouée à la vie religieuse dès l'âge de quatorze ans. Formée à cette admirable école, elle deviendra une âme élevée et généreuse, et l'une des plus grandes supérieures du monastère. Ange adorateur, elle purifiera sans cesse ses puissances, pour se disposer à la simplicité qu'exige la contemplation, et elle demeurera anéantie, et pour ainsi parler, les ailes repliées devant la face de son Dieu.

A ces beaux noms de la Visitation, nous en ajouterons d'autres, nous signalerons les âmes d'élite qui complètent une si noble et si sainte phalange : les sœurs Marie-Honoré Lieutard, Marie-Gertrude Saugey, Françoise-Augustine Bonneau, Marie-Hélène Cordier, Marie-Rosalie Bon, Marie-Xavier Sieuve, Marguerite-René Lemaire, Marie-Gabrielle Nogaret, Marie-Césarée Guilhet, Marie-Catherine Pautrier, Marie-Élisabeth Marion, Marie-Madeleine Seguin et sa sœur Marie-Marguerite, Jeanne-Marie Nogaret, Marguerite-Laurence Gravier, Françoise-Hyacinthe Lebois, Marie-Josephe Imber, Anne-Rose Bonneau, Marie-Rose Arène, Marie-Isabeau André, Marie-

Louise Moustier, Anne-Colombe Bonneau, et Françoise-Catherine Latil. Elles brillèrent par leur esprit d'oraison, par leur amour de la règle et de l'observance, par leur générosité dans les épreuves et par leur saint zèle (1). Selon le précepte de leur saint fondateur, toute leur vie et exercice furent de s'unir avec Dieu, d'aider par leurs prières et par leurs exemples la sainte Église et le salut du prochain. Filles de bonne odeur, filles des colloques célestes, comme dit gracieusement saint François de Sales (2), elles sentirent toutes le même amour, et vécurent toutes en un même accord en Jésus-Christ et en sa Mère, en sorte que de leur cloître, alors comme aujourd'hui, il s'exhala un parfum du ciel.

En entrant au monastère, mademoiselle de Rémusat fut confiée à la sœur Anne-Augustine Gravier. Comme maîtresse des novices, cette dernière avait bien quelque ressemblance avec l'ancienne mère Greyfié, de la Visitation de Paray-le-Monial. Elle aimait ses novices avec tendresse, mais elle savait qu'elle

(1) V. les *Circulaires* concernant ces sœurs et datées des années 1712 à 1749.
(2) *Directoire spirituel*, art. 11.

ne pouvait leur rendre un plus grand service qu'en les éprouvant de toutes manières. D'un coup d'œil elle pénétra l'âme de la nouvelle prétendante, et elle comprit que Dieu avait de grands desseins sur elle. Elle se renseigna aussi auprès du père Milley sur les dispositions intérieures de mademoiselle de Rémusat, et cela fait, elle dressa son plam de conduite avec une sagesse consommée.

Ce plan consistait à agir envers la prétendante comme elle eut fait avec la personne la plus imparfaite, la moins instruite et la moins diligente dans l'accomplissement de ses devoirs. Elle ne lui épargna donc point les avis publics ou secrets, les réprimandes humiliantes, les corrections sévères, les pénitences propres à mortifier l'esprit et à détruire l'amour-propre. Elle la surveilla de près et ne lui passa rien, s'en prenant même à ses vertus, et taxant sa modestie de timidité, son recueillement et son exactitude de vaine ostentation. Grâce à cette tactique, Madeleine apprit à se vaincre et à se mortifier en toutes choses. Bientôt les reproches, les réprimandes et le mépris ne purent plus lui arracher ni une plainte, ni un murmure, ni une marque de mécontentement. Cette guerre sainte faite à la nature la laissa sereine, contente et joyeuse. Elle se mit à aimer les opprobres, et à bénir celle qui les lui procurait. Cette dernière, la sage maîtresse, avait certes à se faire une plus grande violence que sa fille spirituelle. Elle l'aimait comme on aime une âme donnée par Dieu, et au lieu de le lui témoigner elle ne lui montrait qu'un visage sévère. Mais plus elle devenait exigeante, plus Madeleine, ayant déjà le sens des choses célestes, sentait croître son affection, sa soumission et sa reconnaissance (1). Admirable rencontre de deux âmes! Conduite que l'Esprit de Dieu peut seul inspirer, que seul il peut donner la force de tenir!

(1) *Vie*, etc., c. 4.

# CHAPITRE III

## LE NOVICIAT

> *Tunc dixi : Ecce venio.*
> *In capite libri scriptum est de*
> *me ut facerem voluntatem tuam :*
> *Deus meus, volui, et legem tuam*
> *in medio cordis mei.*
>
> Alors j'ai dit : Voici que je
> viens.
> Il est écrit de moi dans le vo-
> lume du livre que je ferai votre
> volonté : Oui, mon Dieu, je l'ai
> voulu, et j'ai placé votre loi au
> milieu de mon cœur.
>
> Ps. xxxix, 8, 9.

Lorsque dans le saint ordre de la Visitation,
une postulante a été éprouvée pendant plusieurs mois, et qu'elle a donné des marques
d'une vocation véritable, on traite en chapitre
de son admission à la vêture. Madeleine de Rémusat avait passé trois mois dans ces sortes
d'épreuves, et elle venait d'achever sa quinzième année, lorsque la maîtresse des novices

la proposa au chapitre de la communauté,
qui l'admit à l'unanimité des suffrages. Monseigneur de Belzunce voulut lui-même donner
le voile à la jeune prétendante, et il fixa la
cérémonie au 19 janvier de cette année 1712.
Tout se préparait pour une aussi belle fête :
l'heureuse Madeleine s'épanouissait dans la
retraite, conversant avec son Dieu ; tandis que
la famille de la postulante, les amis de cette
honorable famille et un grand nombre de
personnes des plus distinguées de Marseille,
promettaient de se retrouver au jour marqué
dans la chapelle du monastère (1).

C'est assurément un spectacle digne d'intérêt, que celui d'une vierge renonçant aux joies
de la terre pour se consacrer à Jésus-Christ.
Dès les temps apostoliques l'Église a entouré
cet acte de cérémonies qui attestent l'importance qu'elle y attache, la beauté morale
qu'elle y découvre, et la dignité de l'âme privilégiée qui l'accomplit. Elle a ceint le front
des vierges consacrées tantôt d'un bandeau
de pourpre (2), tantôt d'une couronne de

(1) *Vie*, etc., c. 5.
(2) V. Optat. *Adv. Parm.* lib. ii et vi; Cyrill. *Catech.* xii;
Hier. *Ep. ad Demetriad.*; Euseb. *De Martyr. Palaest.*

fleurs (1), toujours d'un chaste voile (2). Aujourd'hui encore il nous est donné de voir, figuré sur une paroi des catacombes, le rite antique de la bénédiction d'une vierge (3); et dans certaines professions religieuses nous pouvons entendre l'ancien chant des pontifes de l'Église, où les vierges sont appelées des âmes sublimes, parce que, sacrifiant les noces légitimes et saintes de la terre, elles ont compris et aimé le mystère que ces noces recouvrent (4).

Dans l'ordre de la Visitation, les cérémonies de la vêture et de la profession religieuse ne présentent point un grand éclat extérieur, mais leur signification n'en est pas moins profonde. Quant on y assiste, on comprend que ces formes, à la fois douces et austères, sont les vives images des grâces particulières

c. 9, etc. Ce bandeau était appelé *mitra, mitella, pannus* et *flammeum.*

(1) *Pontif. rom., De Benedict. et Consecr. virg.*

(2) V. Greg. magn. *Lib. sacram. Miss. in consecrat. virg.*; les anciennes Liturgies cit. dans Martene, *De Antiq. Eccl. Ritib.* t. III, lib. ii, c. 6; les Épithaphes des premiers siècles chrétiens, par exemple celle du recueil de Renesius, *Class.* xx, 122; *Pontif. rom., loc. cit.*, etc., etc.

(3) Dans le cimetière de Priscille, sur la voie Salara.

(4) *Pontif. rom., loc. cit.*

qui sont l'apanage des visitandines, et que l'esprit de Dieu façonne là des *filles évangéliques* et des *victimes du Cœur de Jésus*, destinées à être offertes, avec ce Cœur immolé, sur l'autel de la croix. Oui, cette cérémonie de la vêture, c'est comme la présentation et l'oblation d'une victime devant la majesté du Dieu vivant, c'est comme une image et une reproduction du mystère de la Présentation de Jésus au temple, par les mains de la Vierge Marie (1).

Comme vraiment ces rites nous apparaissent dans la splendeur de leur signification, tandis qu'on les applique à la vierge choisie par Jésus pour être la victime de son Cœur ! Celle-ci s'incline sous les mains du pontife qui lui imposent le voile sacré, le voile du veuvage, mémorial de la passion et de la mort de son Époux (2). Elle reçoit ensuite le nom d'Anne-Madeleine, nom de gloire, nom nouveau (3) qu'elle doit porter au service de Jésus-Christ. Cependant son visage paraît enflammé, et à son regard extatique, on comprend qu'elle est

_______

(1) La manière de donner l'habit aux sœurs de la Visitation.

(2) La manière, etc.

(3) Apoc., ii, 17.

perdue en Dieu. On lui enlève les livrées du monde; on la revêt de la robe monastique; mais elle ne voit rien de ce qui se passe, et c'est dans cet état surnaturel qu'on la ramène dans le chœur. Les larmes coulent de tous les yeux, et Monseigneur de Belsunce partage lui-même l'émotion de l'assemblée devant un si touchant spectacle. Nul doute que le divin Époux ne pressait sur son cœur cette pure victime de son amour (1). « Les âmes parfaites, dit saint Ambroise, reposent sur la poitrine du Christ, à l'exemple de saint Jean ; elles s'élèvent, appuyées sur celui qu'elles aiment (2). » C'est ainsi que la sœur Anne-Madeleine s'élevait : elle s'élevait, appuyée sur le Cœur de Jésus, à une vie nouvelle et toute céleste.

C'est un moment solennel et doux pour une âme religieuse, que celui de son ascension dans cette vie supérieure, et de la *tradition* qu'elle fait alors d'elle-même entre les mains d'une mère spirituelle qui s'apprête à la former, à l'orner de vertus, à gouverner ses actes, à lui apprendre, en un mot, à plaire à

(1) *Vie*, etc., *loc. cit*
(2) *De Isaac et anima.*

celui qu'elle aime. Car telle est pour une vierge monastique la signification de son entrée au noviciat.

L'on peut dire pareillement que ce moment n'est pas moins doux pour la maîtresse des novices, pour la mère spirituelle, recevant à un titre nouveau, des mains de Jésus même, cette âme ruisselante encore des grâces de ses fiançailles mystiques. Entre l'âme de la mère et l'âme de la fille que se passe-t-il donc alors, et qu'est-il au fond, ce lien mystérieux que Dieu vient de former?

Il y a une paternité spirituelle qui a son origine dans le sein du Père céleste (1), et qui repose en Jésus-Christ, l'apôtre et le pontife suprême de l'Église (2), le pasteur et l'évêque de nos âmes (3). De Jésus-Christ elle découle dans les membres de la hiérarchie, dont les chefs sont établis par l'Esprit-Saint lui-même (4), et qui engendrent spirituellement les âmes (5), en les faisant naître à la grâce et en les alimentant par les sacrements divins.

(1) Ephes., iii, 15.
(2) Hebr., iii, 1.
(3) Hebr., xiii, 20; I Petr., ii, 25.
(4) Act., xxviii, 28.
(5) I Cor., iv, 15; Phil., 10.

Mais dans l'œuvre de la Rédemption, près de Jésus-Christ et sous lui, il y a Marie, mère de Dieu et mère des âmes. Les saints Pères l'appellent d'une voix unanime la mère des vivants, la source de la vie, la coopératrice de l'œuvre de son Fils, l'associée du Christ, la corédemptrice du genre humain, enfin la cause ministérielle de notre illumination et de notre rachat, dont Jésus est la cause principale et suffisante (1).

Or, il fallait que cette admirable et divine économie de la Rédemption se reproduisît jusqu'à la fin des temps, et que Marie eût toujours, dans le monde surnaturel, des images et, pour ainsi dire parler, des prolongements d'elle-même. Oui, au-dessous de la hiérarchie de l'Église, qui exerce la paternité de Jésus sur les âmes, il fallait que l'on vît la virginité unie à la maternité spirituelle, il fallait que l'on vît des vierges devenir, avec Marie, mères des âmes. C'est là ce que saint Ambroise (2) et saint Augustin expliquent admirablement : « L'enfantement du Christ par

(1) Voir mon ouvrage intitulé *Marie et le sacerdoce*. Paris, Vivès, 3ᵉ édit., c. 2.
(2) *De Caïn et Abel*, lib. II, c. i.

« la sainte Vierge, dit ce dernier, est un hon-
« neur qui rejaillit sur toutes les vierges
« chrétiennes, et celles-ci peuvent devenir
« avec Marie les mères du Christ, pourvu
« qu'elles accomplissent fidèlement la volonté
« du Père. » (1) Vous l'avez entendu, les
vierges sont en droit de se glorifier saintement d'être les mères du Christ. Elles l'enfantent dans leur propre cœur ; elles l'enfantent
encore dans les âmes qui leur sont confiées,
et où Jésus est formé, selon la belle expression
de l'Apôtre (2), grâce à leur charité féconde, à
leurs continuelles prières, à leurs généreuses
immolations, à leurs sublimes enseignements.
Quelle n'est donc pas la noblesse des vierges
du cloître appelées aux joies de la maternité
spirituelle ! L'Esprit de Dieu verse dans leur
âme un amour maternel plus haut que l'a-
mour naturel des mères. Vous souvenez-vous
de Respha, chassant pendant de longs jours
et de longues nuits les oiseaux de proie et les
bêtes féroces qui s'acharnaient sur les sept
fils de Saül, parmi lesquels deux étaient aussi
ses fils, offerts en holocauste devant le Sei-

(1) *De Sanct. Virgin.*
(2) Galat., IV, 9.

gneur, et suspendus à des croix (1)? A l'exemple
de cette mère admirable, elles veillent jour et
nuit, mettant en fuite, par leurs prières et par
leurs pénitences, les ennemis vomis par l'enfer pour dévorer leurs filles spirituelles, ces
pures victimes de l'amour divin, attachées
souvent à la croix de l'épreuve et du sacrifice.

Mais si l'Esprit divin forme dans l'Église
des âmes maternelles, il prépare aussi des
âmes filiales, auxquelles il donne la docilité,
l'humilité, l'obéissance. Cette enfance spirituelle est une vertu qui sort du mystère sacré
de l'enfance de Jésus-Christ. Dans son excessif désir de glorifier Dieu, le Verbe éternel s'est
plongé dans un abîme d'humilité, en descen-
dant dans le sein de sa créature, pour y puiser une vie nouvelle, lui qui est la vie même !
A peine en a-t-il assumé le germe, à peine
son âme est-elle sortie du néant, qu'il se place,
au fond du tabernacle secret du sein de Marie,
devant la face de son Père, et que, prenant
l'attitude et le langage d'une victime, il dit
dans son Cœur :

« Vous n'avez point voulu des sacrifices ni

---

(1) I Reg., XXI, 8-10.

des offrandes, mais vous m'avez formé un corps, et vous m'avez préparé des oreilles attentives à vos commandements.

« Vous n'avez point demandé des holocaustes et des sacrifices pour le péché : alors j'ai dit : Voici que je viens.

« Il est écrit de moi dans le volume des Écritures que je ferai votre volonté : Oui, mon Dieu, je l'ai voulu, et j'ai placé votre loi au milieu de mon cœur. » (1)

Tel est le langage secret de Jésus-Christ, lorsqu'il fait son entrée dans le monde par la porte fermée, c'est-à-dire par le sein virginal de Marie. Tel est le sentiment profond de son Cœur, à peine a-t-il commencé de battre. Il ne pense qu'au sacrifice et à l'obéissance. Découvrant les splendeurs de la sainteté de Dieu, l'admirable mouvement de sa volonté, l'infinie perfection de son amour, il a un immense désir de se conformer à ses décrets éternels. Contemplant dans la lumière divine la nécessité d'une réparation pour les crimes du monde, ému, son Cœur généreux bénit Dieu de la loi de mort portée sur lui, et il embrasse

(1) Ps. xxxix, 9, 10, 11 ; V. Hebr., x, 5, 6, 7.

cette loi avec un transport que la langue humaine ne peut redire. Aussi vous le verrez totalement abandonné à l'action de l'Esprit-Saint (1), et entièrement soumis à la conduite de sa sainte Mère et de son père adoptif (2). Marie le portera où Dieu l'ordonne ; elle le présentera dans le temple (3), comme la victime du grand sacrifice ; elle dirigera tous ses actes. O merveille ! le Verbe divin a tant aimé la vertu d'obéissance, qu'il s'est fait petit enfant pour la mieux embrasser !

Il se dégage, je le répète, de ce mystère sacré, une admirable lumière pour l'âme novice, et la Sœur Anne-Madeleine nous paraît en avoir été frappée en plein. Elle se livre entre les mains de sa maîtresse, la sœur Anne-Augustine Gravier, et elle s'abandonne totalement à sa conduite, puisant dans cette grande âme de mère, l'esprit de la famille religieuse à laquelle Dieu l'unit. Elle n'oublie point qu'elle a été choisie pour être une victime, et elle place au milieu de son cœur la loi de mortification, de pénitence et de sacri-

(1) V. Matth., iv, 1.
(2) Luc., ii, 51.
(3) Luc., ii, 22-39.

fice qui a été portée sur elle. Dans une situation pareille, la volonté de l'âme et la volonté de Dieu doivent devenir si semblables et si uniformes, que l'âme veuille tout ce que Dieu veut, et qu'elle ne veuille pas tout ce qui n'est pas conforme à la volonté de Dieu. Il faut encore que l'âme renonce à toutes les créatures, qu'elle fasse un sacrifice de toutes ses actions et de toutes ses capacités, c'est-à-dire de sa science, de son intelligence, de son sentiment, et de toutes les choses qui sont éloignées de la volonté de Dieu, afin qu'elle puisse avoir de la ressemblance avec lui, et que n'ayant plus rien qui ne soit selon la volonté de Dieu, elle soit toute transformée en lui (1). Or, cet état parfait, dont Jésus enfant nous offre l'admirable modèle, la fervente novice l'envisageait comme le terme vers lequel elle devait tendre. C'est bien là ce qu'elle semble nous dire elle-même : « Ne rien désirer, ne rien « chercher, ne rien attendre que la volonté « de Dieu ! s'écrie-t-elle. . . . . . .

« Seigneur, vous mettrez dans votre pauvre « créature tout ce qu'il vous plaira d'y trou-

_______

(1) Saint Jean de la Croix, *la Montée du Carmel*, liv. II, chap. 5.

« ver, et, en la rendant capable d'un bien in-
« fini, vous étendrez sa capacité jusqu'à l'in-
« fini. Mon âme ne veut, ô mon Dieu, ni
« lumière, ni ténèbres, ni richesses, ni pau-
« vreté. Vous pouvez donner ou ôter, arra-
« cher ou planter, détruire ou édifier. Tout ce
« que vous ferez, ce sera précisément ce qu'il
« me sera permis de vouloir. » (1)

Une âme qui a reçu de telles lumières sur
la volonté de Dieu, que le Pape saint Clément
appelle magnifique et glorieuse, (2) a la sainte
passion de l'obéissance. Il ne faut donc pas
s'étonner si la sœur Anne-Madeleine observe
avec une rigoureuse exactitude les constitu-
tions, les règles, les coutumes de son ordre,
si elle exécute fidèlement tout ce que la maîtresse du noviciat lui commande. Dès lors
l'esprit propre semble éteint chez elle, et la
volonté propre anéantie. Jamais une réflexion
au sujet de ce que l'autorité impose ; jamais
un signe d'inclination ou de répugnance ; ja-

______

(1) *Retraite spirituelle de la sœur Anne-Madeleine* , méditation pour la veille de la retraite. Cet écrit fut composé
dans ses premières années de vie religieuse. Ces mêmes
sentiments se retrouvent dans son *Carême spirituel*, écrit
à la même époque.

(2) Ep. I ad Cor.

mais une altération dans ses traits, mais une douceur et une sérénité qui ne se démentent pas même à l'heure des amertumes et des humiliations. En un mot, la vie de l'humble novice est une vie qui ne tient plus de la terre, c'est déjà une vie toute surnaturelle.

Mais voici que l'épreuve va venir. Si le grain de froment ne tombe pas à terre, s'il n'est point écrasé, s'il ne meurt point, il ne produit pas de fruit; mais s'il meurt, il en produira en abondance (1). Il faut donc que cette âme soit foulée, et le divin Maître s'apprête à développer ce dessein de son amour. Trois sortes d'épreuves sont ménagées à la généreuse victime du Sacré-Cœur; elles concourront efficacement à la former pour sa belle mission.

Le premier genre d'épreuves qu'eut à subir la sœur Anne-Madeleine, furent les épreuves du noviciat. Il n'en faudrait point parler, si elles avaient été ordinaires; en vérité, elles furent d'une rigueur exceptionnelle. Comme nous l'avons déjà dit, le premier monastère de la Visitation de Marseille était une ad-

_______

(1) Joan., XII, 24, 25.

mirable école de spiritualité ; et la mère
Anne-Théodore Nogaret, qui depuis le mois
de mai de cette année dirigeait le noviciat, à
la place de la mère Anne-Augustine Gravier,
élue supérieure, était d'une habileté consommée dans la conduite des âmes. L'on peut
dire que la formation de la sœur Remusat fut
son chef-d'œuvre. Ayant admirablement compris le dessein de Dieu sur cette vierge privilégiée, elle s'appliqua d'une manière constante à le seconder, ce qui est le sommet de
l'art de la direction. Ainsi, plus la vertu de la
sœur jetait d'éclat, plus son renom grandissait, plus sa parole et son exemple gagnaient
d'empire sur les autres novices, et plus aussi
l'habile maîtresse infligeait d'humiliations,
de réprimandes, de contradictions à sa fille
spirituelle. Elle visait également à la priver
de toute satisfaction humaine, et à lui arracher jusqu'aux consolations divines. La soif
de la communion et de l'oraison devenait-elle
plus ardente chez la sœur, tantôt elle lui enle-
vait une communion de règle, tantôt elle lui
refusait une communion extraordinaire,
d'autres fois elle l'éloignait du chœur pour
l'appliquer à des ouvrages matériels. Elle se

gardait soigneusement d'admirer les travaux
qu'elle avait commandés à la sœur Anne-
Madeleine, au contraire, elle les critiquait,
et les faisait recommencer, sans néanmoins
parvenir à lasser jamais la patience de sa novice. Celle-ci s'agenouillait pour recevoir les
réprimandes, et son visage transfiguré an-
nonçait la joie qu'elle éprouvait d'avoir part
aux humiliations de son Époux (1).

La seconde sorte d'épreuves infligées à la
sœur lui vint de la part de ses compagnes du
noviciat. Celles-ci l'aimaient tendrement, mais
elles s'accordaient parfois le plaisir d'exercer
sa constance, pour voir jusqu'où elle la pous-
serait. Elles se divertissaient donc à l'éprouver
par des badinages qui eussent ému une âme
moins maîtresse d'elle-même, moins abandonnée à la volonté divine. Anne-Madeleine
sentait la peine d'une manière fort délicate,
mais elle ne cessait de paraître insensible,
douce et bonne. Nous citerons de son héroïsme quelques exemples.

Un jour la maîtresse avait ordonné de lui
couper les cheveux. Ses compagnes regardè-

____

(1) *Vie*, etc., c. 5.

rent comme un jeu innocent de l'entourer et d'assister à l'opération. Celle qui était chargée de l'exécuter, ne la ménagea guère, elle lui tira les cheveux de manière à les arracher en quelque sorte, et elle lui martyrisa la tête avec les ciseaux. On eut toute la joie que promettait ce spectacle, car la pauvre martyre parut insensible, et ne cessa de montrer un visage plein de bonté. Un autre jour, en lui attachant son voile, une novice lui enfonça par mégarde une épingle dans la tête. La sœur l'y laissa, et le sang qui découla bientôt de la plaie, trahit seul son héroïsme. Enfin, voici un dernier exemple : La sœur se trouvait au lit avec la fièvre. Une religieuse l'alla visiter pour lui rendre service, mais changeant soudain d'avis, elle résolut de l'éprouver en la contrariant de toutes manières. « Vous êtes trop couverte, lui dit-elle, en lui enlevant une couverture ; comment vous trouvez-vous maintenant ? » — « Fort bien répondit la malade. » Cela n'empêcha point la religieuse de remettre plusieurs couvertures sur le lit, en disant : « Mais si on vous couvrait davantage ne seriez-vous pas mieux ? » et en effet, elle ajouta des couvertures, les ôta et les remit, mais la sœur Anne-Madeleine demeura comme impassible (1), montrant bien que dès lors elle avait conquis cette grande vertu de l'indifférence parfaite, dont saint François de Sales a dit qu'elle est « la crème de la charité, l'odeur de l'humilité, le mérite, ce semble, de la patience, et le fruit de la persévérance (2). »

Le troisième genre d'épreuves de la sœur Anne-Madeleine, furent les épreuves intérieures. Pensées affreuses de désespoir, tentations violentes contre la foi, craintes cruelles de la justice divine, sécheresses et désolations, angoisses et amertumes indicibles, tout cela l'exerça durant cette année entière, sauf à de rares intervalles. Le démon agitait fréquemment son cœur par d'horribles tempêtes, et il répandait d'épaisses ténèbres dans son esprit. La douce enfant avait peine à étouffer ses gémissements, que l'on entendait des cellules voisines. Néanmoins ces peines intérieures étaient loin d'apaiser sa soif de souffrir, et elle y ajoutait des mortifications extérieures.

(1) *Vie*, etc., c. 5.
(2) Serm. xxxi, Motifs de notre amour envers Jésus-Christ.

La guerre qu'elle faisait à sa nature était continuelle; elle ne donnait aucune satisfaction
à ses sens, et il n'y avait sortes d'importuni-
tés qu'elle ne fît à sa maîtresse pour lui arracher la permission de s'exercer à la pénitence.
Aussi c'était merveille qu'une jeune fille de
son âge, livrée à de telles austérités, et se pri-
vant autant qu'elle pouvait de repos et de
nourriture, pût seulement vivre. Il est vrai
que, à certains moments, elle était recréée
par des délices divines, sous le poids desquelles elle défaillait en présence de la communauté entière. On l'emportait alors loin
des assemblées, pour la laisser en paix exha-
ler les ardeurs dont son cœur était plein (1).

Dès cette époque du noviciat, la grâce commença de la préparer d'une manière plus di-
recte à son apostolat futur. La jeune novice
fut remplie de vives lumières sur les âmes, et
d'un zèle brûlant pour leur sanctification. Le
Cœur de Jésus, caché dans son âme, rayon-
nait à l'extérieur, et donnait à sa personne
l'aspect d'une sainte. Ses paroles produisirent
alors des effets extraordinaires sur celles qui

______

(1) *Vie*, etc., *loc. cit.*

l'entouraient, et sa vue seule eut le don de relever, d'encourager, d'exciter à la vertu (1).

Toujours attentive à l'action de la grâce, l'incomparable maîtresse des novices découvrit encore ici le dessein de Dieu, et pour le seconder fidèlement, elle ne craignit nullement de prendre une mesure exceptionnelle. Elle confia donc à la sœur Anne-Madeleine le soin de donner les premières instructions aux prétendantes et aux novices; et, de peur que celle-ci n'y trouvât matière à s'enorgueillir, elle lui fit considérer cette mesure comme une punition due à son inobservance des règles et des coutumes du monastère. Du reste elle ne se relâcha en rien de sa sévérité, et par là elle mit prudemment un contre-poids à l'honneur qu'elle lui conférait (2).

Une fois installée dans cette petite charge intime, la sœur Anne-Madeleine montra ce qu'elle serait un jour. Elle s'appliqua à connaître les âmes qu'elle voulait attacher à Dieu, elle étudia leur carctère, découvrit leur côté faible, forma son plan sur chacune d'entre

(1) *Vie*, etc., *loc. cit.*
(2) *Vie*, etc., *loc. cit.*

elles, gagna leur confiance, et s'en rendit si bien maîtresse qu'elle les tourna comme elle voulut. Tout ce jeune essaim l'entourait; vaincu par les charmes de sa piété, par son saint enjouement, par ses manières gracieuses et insinuantes, il lui laissait à peine le temps de vaquer à ses exercices. A l'une, dont elle mettait à nu le fond du cœur, elle montrait l'obstacle mis en travers de la grâce; à l'autre, qui la fuyait pour ne point subir son ascendant, elle prédisait que Dieu ferait un miracle au besoin pour vaincre ses résistances; telle qui chancelait dans sa vocation, se sentait délivrée de son trouble à la voix de cette douce compagne, et animée à faire à son Dieu les derniers sacrifices; telle autre enfin, qui avait recours à elle, voyait bientôt dissiper ses doutes, et se trouvait éclairée sus ses défauts les plus cachés. Cependant Dieu bénit le zèle de sa servante. Le noviciat fut bientôt dans une ferveur si extraordinaire, que les plus anciennes professes en furent aussi édifiées que surprises. Et c'était sans aucun doute un spectacle nouveau que celui d'une novice de seize ans, remplie des dons surnaturels qui ornent d'ordinaire une directrice exprimentée, et exerçant sur d'autres âmes un empire aussi utile (1).

La réputation de la sœur Anne-Madeleine ne tarda point à se répandre au dehors du monastère. On vit alors bien des personnes instruites de son merveilleux talent de gagner les âmes à Dieu, solliciter la faveur de l'entretenir au parloir et de la consulter sur leurs intérêts spirituels. Les supérieurs ne craignirent pas de favoriser cet empressement des personnes du monde, et les bons effets qui en résultèrent, firent bien voir que leur conduite était sage et prudente. Les entretiens de la sœur Rémusat contribuèrent en effet, au salut de bien des âmes, et l'idée que l'on conçut de sa vertu jeta un nouvel éclat sur les filles de sainte Chantal. Il se trouva même plusieurs jeunes personnes qui la consultèrent sur leur vocation, et qui déterminées par ses conseils et par l'espoir de vivre à ses côtés, se donnèrent à Dieu, et demandèrent l'entrée du noviciat, augmentant ainsi le nombre des ferventes religieuses de ce monastère (2).

(1) *Vie*, etc., *loc. cit.*
(2) *Vie*, etc., c. 5.

Telle était la sœur Anne-Madeleine à la fin
de son noviciat. On le voit, Jésus avait préparé
d'une manière merveilleuse la victime et
l'apôtre de son Cœur. Victime et apôtre du
Sacré-Cœur ! répétons ces mots avec admiration, car ils expriment le double caractère
de cette tendre vierge, dont l'héroïsme, dont
le martyre d'esprit, dont les états surnaturels,
dont la mission grandiose vont faire une des
plus belles âmes de son ordre. Voici que
l'heure de sa consécration solennelle est
arrivée ; voici que l'oblation qu'elle a faite
d'elle-même au jour de sa vêture recevra un
caractère irrévocable par l'émission des saints
vœux. La cérémonie de la profession a été
fixée au 23 janvier 1713, jour anniversaire de
la naissance de sainte Jeanne-Françoise de
Chantal. Une foule de personnes de distinction
se sont jointes à la famille de Rémusat pour
être témoins des engagements solennels que
l'humble novice est sur le point de contracter.
Comme au jour de la vêture, c'est encore Monseigneur de Belsunce qui monte à l'autel. Le
digne pasteur n'a voulu céder à personne la
joie d'unir pour toujours à Jésus-Christ, sa
fille de prédilection, d'offrir sur l'autel du

Seigneur ces nobles prémices de son troupeau (1).

Cette cérémonie de la profession d'une visitandine est saisissante. Après que la novice a prononcé les vœux solennels de chasteté, de pauvreté et d'obéissance, après qu'elle a consacré sa personne et sa vie à la divine Majesté, à la vierge Marie et à la congrégation, elle est couverte du voile noir; puis elle se prosterne la face contre terre, et l'on étend sur elle un drap funèbre, tandis que le pontife et le chœur célèbrent tour à tour, par des chants religieux, sa mort au monde et sa vie nouvelle en Dieu (2).

Ce prosternement devant l'autel du Seigneur est un acte de souverain respect envers la sainteté et la majesté infinie de Dieu. Le Christ l'impose à ses pontifes, à ses prêtres, à ses lévites, à ses vierges, au moment de leur consécration irrévocable (3). Quel n'était pas votre bonheur, ô pieuse vierge, en ce mo-

(1) *Vie*, etc., c. 6.
(2) *Formulaire pour la profession des sœurs de la Visitation de Sainte-Marie.*
(3) *Pontif. rom.*, de Consecrat. electi in Ep.; de Ordinat. presbyt., diac. et subdiac. ; de Benedict. et Consecrat. virg.

ment si doux pour l'âme, où elle sent que Jésus se l'unit par une sorte d'inexprimable embrassement ! C'est alors sans doute que, sous la touche de l'Esprit céleste, vous formiez ces actes religieux que bientôt après vous deviez si bien décrire : dans le silence et l'anéantissement de votre être, vous adoriez la sainteté et la souveraineté, la grandeur et la divinité du Cœur de Jésus-Christ ; et prenant devant lui les dispositions d'une victime qui désire lui être associée, et venger sur elle les outrages qu'il reçoit de la part des hommes, vous lui répétiez avec lui-même : « Vous n'avez point voulu, Seigneur, d'holocauste ni de sacrifice ; mais jai dit : Me voici (1). »

(1) *Carême spirituel de la sœur Anne-Madeleine.*

# CHAPITRE IV



> *Ipse autem vulneratus est prop-*
> *ter iniquitates nostras, attritus est*
> *propter scelera nostra.* . . . .
> . . . . *et posuit Dominus in eo*
> *iniquitatem omnium nostrum.*
> *Oblatus est quia ipse voluit.*
>
> Il a été percé de plaies pour
> nos iniquités, il a été broyé pour
> nos crimes. Le Seigneur l'a chargé
> de l'iniquité de nous tous. Il a été
> offert en sacrifice, parce que lui-
> même l'a voulu.
>
> (Isa. LIII, 5, 6 et 7.)

Voilà donc Anne-Madeleine constituée victime du Sacré-Cœur! Succédant à la mission de la Bienheureuse Marguerite-Marie, elle va se sacrifier tout entière pour la réparation des péchés, pour le salut des âmes, pour l'exaltation du divin Cœur. Tel est le dessein pour lequel elle a été mise au monde; telle est sa figure distincte dans l'histoire des âmes saintes.

Nous l'avons vue couchée sur le pavé du temple, et présentée devant l'autel à la Majesté divine. C'est là l'oblation préalable, qui fait partie de tout sacrifice (1). L'immolation de la victime va suivre, et il nous faudra étudier ici les délicates opérations de la grâce dans cette âme, dont Dieu veut faire une image du Cœur crucifié de son Fils (2).

On ne saurait entreprendre une pareille étude sans jeter d'abord un regard sur le mo-

(1) Voir mon ouvrage intitulé : *Marie et le Sacerdoce*, Paris, Vivès, 3ᵉ édition, chap. 5 et 6, où l'on trouvera, expliquée tout au long, la théorie du sacrifice. Comme l'idée du sacrifice reparait à chaque page de la vie d'Anne-Madeleine, il est nécessaire de bien connaître cette théorie. Pour une autre raison encore, nous prions le lecteur de propager *Marie et le Sacerdoce*. Comme on le verra dans le magnifique bref de S. S. le Pape Pie IX, ainsi que dans les lettres de S. E. le cardinal Dechamps, archevêque de Malines, et de LL. GG. Mgr de la Bouillerie, coadjuteur de Bordeaux, Mgr Pie, évêque de Poitiers, et Mgr Mermillod, vicaire apostolique de Genève, bref et lettres imprimés en tête du volume, l'ouvrage a pour but de décrire les rapports de la sainte Vierge avec le sacerdoce, ce qui n'avait jamais été fait jusqu'ici, au moins d'une manière complète et théologique. Or, c'est chose très-opportune et en même temps fort utile au clergé de propager un tel livre, et de faire connaître cette gloire spéciale de Marie, au moment où le sacerdoce subit tant d'attaques, et doit soutenir une lutte aussi terrible.

(2) V. Rom., VIII, 29.

dèle divin. Demandons à Jésus qu'il se manifeste à nous en tant qu'il est la victime du sacrifice salutaire, et qu'il entoure d'une lumière nouvelle les dispositions sublimes avec lesquelles son Cœur se laissa immoler à la gloire de Dieu. Aussi bien, en ces jours où l'Église est tant persécutée et où le blasphème monte sans cesse vers le ciel, l'Esprit du Seigneur suscite et forme des âmes qui pleurent, qui prient et qui réparent en union avec le Cœur du Christ. Or, ces âmes-là ont besoin de connaître toujours mieux leur doux Maître, pour se tenir avec lui sur l'autel de la croix, revêtues en quelque sorte de ses saintes dispositions.

L'immolation de Jésus débute au Jardin des Olives. Là, son âme commence à être envahie par la douleur, par la crainte et par le dégoût (1). Mais dans cette tristesse profonde, afin de montrer son respect envers le Dieu qui venge sur lui les péchés des hommes, il se prosterne la face contre terre et il prie (2). Oh! l'admirable et la touchante prière! Par trois fois il demande à son Père céleste que

(1) Matth., xxvi, 37; Marc., xiv, 33.
(2) Matth., xxvi, 39.

le calice s'éloigne, mais aussitôt il consent à le boire jusqu'à la lie (1). Tandis que la prière, toujours plus fervente, monte vers le ciel, sur la terre découle une sueur de sang, durant une agonie terrible (2). Gouttes de sang et prières qui nous révèlent les états intérieurs du Cœur de Jésus! La prière nous montre sa soumission parfaite; le sang nous apprend qu'il a été broyé par la douleur, et foulé, comme la grappe de raisin, sous le pressoir de la justice de Dieu.

Cependant la sainte victime est allée aux tourments. « Ne boirai-je pas, a-t-elle dit, le calice que m'a présenté mon Père (3)? » Elle est allée, semblable à l'Agneau qui ne profère pas une plainte (4); elle est allée aux outrages, à la flagellation, au couronnement d'épines, à la croix!

Contemplons-la au moment où elle se laisse fixer au bois fatal. Quelle fut alors la disposition de son Cœur? Jésus avait dit, en parlant de sa Passion : « Je dois être baptisé d'un

(1) Matth., xxvi, 39, 42, 44.
(2) Luc., xxii, 43, 44.
(3) Ioan., xviii, 11.
(4) Isa., liii, 7; Act., viii, 32.

6

baptême, et comme je me sens pressé jusqu'à ce qu'il s'accomplisse (1)! » Ainsi, malgré l'effroi que lui causait la vue d'un supplice épouvantable, il soupirait après la croix ; et quand il la trouve enfin, dans la folie de son amour pour Dieu et pour nous, il tombe sur les bois qui la composent, comme David, simulant la folie, se heurtait contre les poteaux de la porte (2) ; il se laisse fixer avec des clous comme Isaac se laissa lier et disposer convenablement sur le bûcher qui lui servait d'autel (3). Par là son Cœur nous apparaît comme le Cœur du Prêtre et de la Victime. Du Prêtre qui dans l'action du sacrifice, cette action de respect, prend une attitude digne et solennelle. De la Victime qui par l'immobilité respectueuse à laquelle elle se condamne, annonce sa profonde vénération pour Dieu, et qui par les blessures de ses mains et de ses pieds, livrant passage à des flots de sang, dit l'étendue de ses miséricordes envers nous.

Mais la croix s'élève dans les airs, chargée

(1) Luc., xii, 50.
(2) I Reg. xxi, 13 14 ; v. Aug. Enarr. in Ps. xxxiii, serm. I.
(3) Gen., xxii, 9.

de son fardeau précieux. O Esprit de Dieu, donnez-nous d'entrevoir les ascensions du Cœur de Jésus (1), durant cette ascension de la Croix.

Jésus est chargé des forfaits du monde, et le Seigneur a posé en lui l'iniquité de nous tous. Sa beauté et son éclat en sont obscurcis, et il semble un lépreux, un objet de mépris, le dernier des hommes (2). C'est ainsi que, repoussé de la terre, il est jeté vers le ciel, vers le ciel en courroux. Son regard aperçoit dans une clarté prodigieuse la sainteté infinie de son Père, dont il s'approche, revêtu en quelque sorte de nos souillures, la justice infinie de son Dieu qui s'apprête à le percer de traits, à le briser pour nos crimes (3). A mesure qu'il monte, à mesure qu'il approche du bras vengeur levé sur lui, son tourment grandit, son angoisse devient extrême, il sent davantage son abandonnement. Et néanmoins, le prophète l'assure, il veut être ainsi offert, il veut être ainsi élevé (4) ; et son amour est

(1) Ps. LXXXIII. 6.
(2) Isa., LIII, 2, 3, 4, 6.
(3) Isa., LIII, 5.
(4) Isa., LIII, 7.

si généreux, son désir est si brûlant, qu'ils ne trouvent d'assouvissement que dans cette ascension.

A côté de la croix se tient Marie, et nous ne pouvons l'oublier, parce qu'elle sera le modèle d'Anne-Madeleine. Associée au sacerdoce du Christ, elle veut d'une volonté ferme, soutenue par l'Esprit divin, le sacrifice de son Fils bien-aimé ; elle offre ce doux Fils, elle le présente aux coups de la justice infinie, pour les fins que ce sublime Pontife a en vue. En même temps, son Cœur s'unit au Cœur de la victime, entrant, pour ainsi parler, dans ce mouvement sacré, dans cette ascension sous les foudres de la sainteté de Dieu, que nous avons essayé de décrire. Mais alors aussi, comme il avait été prophétisé, un glaive de douleur traverse son âme (1).

Enfin, la croix est érigée. Jésus est là, les bras étendus, accomplissant l'action auguste du sacrifice. Il reçoit le châtiment qui doit nous procurer la paix, et nous sommes guéris par ses meurtrissures (2).

Étudions son Cœur. De son Cœur autant

(1) Luc,, ii, 35.
(2) Isa., liii, 5.

que de ses lèvres sont tombées ces sept paroles admirables que l'Évangile rapporte. Jésus prie pour ses bourreaux (1); il applique au larron le prix de son sang (2); il nous donne une Mère, et il nous laisse à cette Mère, en nous substituant à lui (3); il crie vers son Père céleste, afin que les hommes, en l'entendant, soient touchés de son abandon (4); il dit qu'il a soif, soif surtout de notre amour (5); il annonce que tout est consommé (6), et il remet son âme entre les mains de son Père (7).

Ces paroles de Jésus ne sont pas les seules. Durant les trois heures qu'il fut suspendu à la croix, il en a proféré d'autres, paroles mystérieuses et intérieures, que la terre n'a point entendues, mais que l'Esprit-Saint nous fait connaître par l'organe du royal prophète. Ouvrons donc le livre des Psaumes et lisons le vingt-et-unième et le soixante-huitième de ces chants divins. L'Église, qui a reçu de son

(1) Luc., XXIII, 34.
(2) Luc., XXIII, 43.
(3) Ioan., XIX, 26, 27.
(4) Matth., XXVII, 46 ; Marc., XV, 34.
(5) Ioan., XIX, 28.
(6) Ioan., XIX, 30.
(7) Luc., XXIII, 46.

Chef le sens des Écritures (1), nous enseigne
par la voix unanime de ses docteurs, qu'ils s'ap-
pliquent au Christ en croix, et qu'ils renferment et les paroles du crucifié et l'image prophétique de ses états intérieurs durant les dernières heures de sa Passion. C'est là ce qui se
peut inférer, par exemple, des expressions de
saint Cyrille d'Alexandrie (2), de saint Atha-
nase (3) et de saint Augustin (4). Il est même
de foi qu'au moins plusieurs passages de ces
Psaumes ont trait à l'Homme-Dieu, puisqu'ils
sont cités dans le nouveau Testament, comme
lui appartenant (5), et d'ailleurs l'Église a condamné dans un de ses conciles œcuméniques
la doctrine qui soutenait que le Psaume XXIe

(1) Luc., xxiv, 45.
(2) In Ps. xxi et in Ps. lxviii.
(3) Exposit. in Ps. xxi et in Ps. lxviii.
(4) Enarr. in Ps. xxi et in Ps. lxviii.
Voici ses paroles : Dicuntur autem ista in persona cru-
cifixi : nam de capite Psalmi hujus sunt verba quae ipse
clamavit cum in cruce, penderet, personam etiam servans
veteris hominis, cuius mortalitatem portavit.
(5) Du Ps. xxi, le v. 2 dans Matth., xxvii, 46, et dans
Marc., xv, 34; le v. 8 dans Matth., xxvii, 39, et dans
Marc., xv, 29; le v. 9 dans Matth., xxvii, 43; le v. 19
dans Matth., xxvii, 35, et dans Ioan., xix, 23, 24; le
v. 23 dans Hebr., ii, 12. Du Ps. lxviii, le v. 10 en partie
dans Ioan., ii. 17, et en partie dans Rom., xv, 3; le v. 22
dans Matth., xxvii, 48.

ne s'applique pas littéralement à la personne du Christ(1). Parcourons donc ces deux chants inspirés de David, et recueillons-y les impressions, les prières, les douloureuses plaintes de Jésus en croix, ainsi que des traits précieux qui donnent une connaissance plus approfondie du doux Cœur de l'Agneau immolé.

*O Dieu! mon Dieu*, dit le patient du Calvaire, *jetez vos regards sur moi : pourquoi m'avez-vous abandonné? Les péchés dont je suis chargé, sont cause que je ne puis obtenir ma délivrance.*

*Mon Dieu, je crierai vers vous pendant le jour, et vous ne m'exaucerez pas ; je crierai pendant la nuit, et alors ce ne sera pas, dans moi, une supplique vaine.*

*Pour vous, Seigneur, vous habitez dans votre sanctuaire, vous êtes l'objet des louanges d'Israël.*

*Nos pères ont espéré en vous ; ils ont espéré et vous les avez délivrés. Ils ont crié vers vous, et ils ont été sauvés ; ils ont espéré en vous et ils n'ont point été confondus.*

*Pour moi, je suis un ver, et non un homme, et le rebut du peuple.*

*Tous ceux qui m'ont vu m'ont tourné en déri-*

(1) Théodore de Mopsueste, qui enseignait cette erreur, fut condamné dans le V<sup>e</sup> concile œcuménique, II<sup>e</sup> de CP.

*sion ; ils m'ont insulté par leurs discours, ils ont secoué la tête en signe de mépris. Ils ont dit : Cet homme a espéré en Dieu, que Dieu le délivre ; qu'il le sauve, puisqu'il a de la bonne volonté pour lui.*

*Cependant c'est vous qui m'avez tiré du sein de ma mère ; vous m'avez fait espérer en vous dès la mamelle, et j'ai été mis entre vos mains dès que je suis venu au monde.*

*Dès le sein de ma mère vous êtes mon Dieu ; ne vous éloignez pas de moi.*

*Car la tribulation est proche, et il n'y a personne qui me porte du secours.*

*Une foule de taureaux m'a environné ; des taureaux puissants m'ont investi.*

*Ils ont ouvert leur gueule contre moi, semblables à un lion qui déchire et qui rugit.*

*Je me suis écoulé comme l'eau, tous mes os se sont disloqués.*

*Mon Cœur est devenu dans mes entrailles comme de la cire fondue.*

*Ma force est desséchée comme la terre mise en œuvre par le potier ; ma langue s'est attachée à mon palais, et vous m'avez réduit à la poussière du tombeau.*

*Une foule de chiens furieux m'a environné : une assemblée de méchants m'a investi.*

*Ils ont percé mes mains et mes pieds ; ils ont compté tous mes os.*

*Ils m'ont considéré ; ils ont pris plaisir à me voir dans mes tourments ; ils ont partagé entre eux mes vêtements, et ils ont jeté le sort sur ma robe.*

*Pour vous, Seigneur, n'éloignez pas de moi votre protection : prenez en main ma défense.*

*Délivrez mon âme du glaive : délivrez des mains de ces chiens furieux cette âme désolée.*

*Sauvez-moi de la gueule du lion, et délivrez ma bassesse des cornes de ces persécuteurs semblables à des rhinocéros (1).*

*Sauvez-moi, mon Dieu, car les eaux sont entrées jusqu'au fond de mon âme.*

. . . . . . . . . . . . . . . . . .

*Qne ceux qui vous attendent, Seigneur Dieu des armées, ne rougissent point de moi.*

*Que ceux qui vous cherchent, Dieu d'Israël, n'éprouvent point de confusion à cause de moi.*

*Car c'est pour vous que j'ai soutenu l'opprobre, et que la confusion a couvert mon visage.*

*Je suis devenu comme inconnu à mes frères, et comme étranger à l'égard des enfants de ma mère.*

(1) Ps. xxi, 2-22.

*Parce que le zèle de votre maison m'a dévoré, et que j'ai pris sur moi les outrages qu'on vous fait.*

. . . . . . . . . . . . . . . . . .

*Tous ceux qui me persécutent sont présents à vos yeux; mon* Cœur *n'a attendu que les outrages et la misère.*

*J'ai été dans l'attente de quelqu'un qui s'affligerait avec moi, et il n'y en a point eu; j'ai espéré des consolateurs, et je n'en ai point trouvés.*

*Ils m'ont donné du fiel pour nourriture, et lorsque j'ai eu soif, ils m'ont abreuvé de vinaigre* (1).

Arrêtons-nous ici pour nous recueillir un moment. Quelles plaintes déchirantes, quelles prières admirables que celles que profère Jésus dans sa terrible agonie de la Croix ! Comme elles peignent au vif les atroces souffrances de ses membres, et mieux encore son état intérieur, alors que toutes ses forces étant comme retirées dans le plus intime de son être, son Cœur fut livré à la faiblesse, à la désolation, à l'aridité, à l'incertitude, à l'épouvante du délaissement ! N'êtes-vous pas ému

_______

(1) Ps. LXVIII, 2, 7-10, 21, 22.

de son zèle immense pour la gloire de son
Père céleste, qui lui fait désirer tous ces tourments ? N'êtes-vous pas touché de ce regard
jeté sur sa Mère, l'associée de son sacrifice,
de ce souvenir donné au sein virginal dans
lequel ce Cœur, à peine conçu, était déjà livré
aux mains de Dieu ? Ah ! comme le Cœur de
Jésus nous apparaît ici noble et beau ! En vérité, l'Esprit-Saint ne nous a laissé nulle part
une expression plus fidèle et plus complète
de ses sentiments, que dans ces chants prophétiques, inspirés à David plus de mille ans
avant l'Incarnation.

Mais poursuivons. Il plaît à celui qui est
sainteté suréminente, domination parfaite et
royauté souveraine (1), de recevoir de la part
de cette victime livrée à d'intolérables tourments, une adoration qui, venant d'elle, sera
pleinement digne de lui. Il plaît à celui qui
s'appelle la bonté essentielle et la justice infinie, d'entendre un chant d'actions de grâces
et de louange, proféré par l'humble Agneau,
au moment où celui-ci succombe sous ses
coups. C'est pourquoi l'Esprit du Seigneur,

______

(1) Dion. Areop. *De div. Nom.*, c. xii.

sans adoucir en quoi que ce soit les angoisses
et les souffrances de la victime toujours fixée
sur le gibet, par une opération merveilleuse,
excite en elle des transports, qui la font éclater en ces accents immortels :

*Mon Dieu, j'annoncerai votre nom à mes frères,
je chanterai votre gloire au milieu de leur assemblée.*

*O vous qui craignez le Seigneur, louez son saint
nom : que toute la race de Jacob le glorifie.*

*Que toute la race d'Israël le craigne, parce
qu'il n'a pas méprisé, qu'il n'a pas rejeté la prière
du pauvre, et qu'il n'a pas détourné sa face de
dessus moi, et qu'il m'a exaucé, lorsque j'ai crié
vers lui.*

*Je vous louerai dans cette grande Église; j'of-
frirai mes vœux en présence de ceux qui le crai-
gnent.*

*Les pauvres mangeront, et seront rassasiés;
ceux qui recherchent le Seigneur le loueront; leur
cœur vivra dans l'éternité.*

*Alors toutes les extrémités de la terre se ressou-
viendront de ses merveilles, et se convertiront au
Seigneur.*

*Et toutes les familles des nations se prosterne-
ront en sa présence.*

*Car la souveraineté appartient au Seigneur, et il dominera sur toutes les nations.*

*Les ministres du sacrifice ont mangé et se sont prosternés devant le Seigneur; tous ceux qui descendent vers la terre tomberont en sa présence (1).*

*Et mon âme vivra pour lui, et ma postérité le servira.*

*Une génération future sera annoncée par le Seigneur : les cieux annonceront sa justice au peuple futur que le Seigneur a fait (2).*

Tel est ce cantique sublime. On le voit, tandis qu'il endurait d'inconcevables tortures, le Cœur de Jésus exhalait son amour envers son Père céleste; il s'occupait de ses frères auquel il devait annoncer mieux encore le nom de Dieu; il s'occupait de nos âmes aux-

______

(1) Le texte porte : « Les heureux de la terre. » Selon l'étymologie de l'hébreu, il indiquerait les ministres du sacrifice. La seconde partie du v. fait sans doute allusion aux mourants, qui, après avoir reçu l'Eucharistie, adorent le Seigneur.

(2) Ps. xxi, 23 ad finem. Nous ne citons plus ici le Ps. lxviii, parce que, vers la fin, après une prophétie concernant les châtiments terribles réservés aux impies (23-29), nous y trouvons des expressions semblables à celles du Ps. xxi, et qu'il nous paraît inutile de reproduire encore.

quelles il avait préparé un repas divin; il s'occupait de son Église qui allait sortir de lui
comme une épouse immaculée. Sachant que
son sacrifice n'était point uniquement un sacrifice de réparation et de prière, mais en
outre un sacrifice d'adoration et d'actions de
grâces, non-seulement il expiait et il priait,
mais encore il adorait profondément, et il
éclatait en louanges et en transports de joie à
la vue des merveilles divines, et de la gloire
que son supplice allait procurer jusqu'à la fin
des siècles à son Dieu. Et après avoir produit
des actes d'une perfection aussi admirable, il
ne restait plus à ce doux Cœur qu'à s'abîmer
dans la mort, qu'à s'ouvrir, et qu'à épancher
sur l'Église les ondes qui lui portent la vie!

En nous arrêtant à contempler les états du
Cœur de Jésus durant les trois heures qu'il
demeura sur la croix, nous n'avons pas perdu
de vue la Sœur Anne-Madeleine. Car les in-
terprètes de l'Écriture nous apprennent que
ces voix de la tribulation et ces cantiques de
la louange, Jésus ne les a pas seulement pro-
férés en son nom propre, mais encore au
nom de son Église persécutée, et au nom de
tous les membres de son corps mystique, qui

doivent être crucifiés avec lui jusqu'à la fin des temps (1). Ainsi, lorsque par ses épreuves, une âme chrétienne acquiert de la ressemblance avec son Chef, lorsqu'elle communie aux douleurs du Christ (2), lorsqu'elle s'unit au divin sacrifice pour le rachat d'autres âmes, elle a le droit de s'approprier plus ou moins complétement les sentiments du crucifié, de gémir avec lui sur les outrages faits à Dieu, de prier, d'adorer et de bénir avec son Cœur. Quant à la Sœur Anne-Madeleine, ayant été choisie par Notre-Seigneur lui-même pour être sa victime, à l'exemple de la Bienheureuse Marguerite-Marie, il n'est pas étonnant qu'il lui fût donné de communier aux douleurs de son Cœur agonisant. L'Esprit divin se plut à esquisser principalement en elle les impressions que le Cœur de là grande Victime subit sur la croix ; il forma dans cette âme admirablement préparée, des prières et des désirs de loin semblables à ceux que le roi-prophète avait décrits. C'est là ce qui donne à la vie intérieure d'Anne-Madeleine son caractère propre, et ce qui explique les

(1) V. par exemple Aug. in Ps. LXVIII, ser n. I.
(2) I Petr., IV, 13.

douleurs et les joies surnaturelles qui envahirent parfois simultanément son âme.

Nous retrouvons la fervente visitandine vaquant aux pieux exercices d'une vie religieuse couronnée par la profession solennelle. La grâce spéciale qu'elle reçoit alors est de se sentir attirer plus puissamment que jamais vers le tabernacle. Ne pouvant durant le jour consacrer de longues heures à l'adoration du Saint-Sacrement, elle y consacre, avec la permission de sa supérieure, une grande partie de la nuit. Cependant Notre-Seigneur lui fait part de ses douleurs physiques, en lui envoyant de violentes migraines, dont elle souffrit à cette époque pendant plusieurs jours chaque semaine (1). Un miracle lui enleva bientôt néanmoins cette souffrance, qui fit place à d'autres. Un jeudi soir, après être restée vingt-quatre heures sans aucune nourriture, à cause de sa migraine, la pieuse professe s'en va demander à la Mère Nogaret la permission de passer la nuit devant le Saint-Sacrement, afin d'honorer l'agonie du Sauveur au Jardin des Olives. Bien qu'habituée à

_________

(1) *Vie*, etc., c. 6.

ces sortes de demandes, la digne supérieure
sent de la répugnance à accéder à son désir.
Elle feint même de s'indigner légèrement, et
accuse d'imprudence sa fille spirituelle. Celle-
ci néanmoins ose insister doucement. « Eh
bien, lui répond alors la Mère, je consens encore pour cette fois-ci à vous le permettre ;
mais c'est à condition que vous demanderez
à Notre Seigneur d'être délivrée de vos migraines. S'il vous exauce, je connaîtrai à ce
signe que son divin Esprit vous inspire, et je
vous abandonnerai dorénavant sans peine à
sa conduite. » A ces mots Anne-Madeleine ne
peut contenir sa joie et sa reconnaissance.
Elle court demander à son divin Époux le
signe exigé, la manifestation de son bon plaisir. A peine est-elle agenouillée, elle obtient
l'objet de sa prière : la migraine disparaît ins-
tantanément, et jamais depuis lors elle n'en
souffrira plus la moindre atteinte (1).

La supérieure ayant reçu dès le lendemain
la nouvelle de cette guérison inattendue, fit
retrancher dorénavant à la Sœur Anne-Madeleine les soins que son état maladif avait ré-

_______________

(1) *Vie*, etc., c. 6.

clamés jusqu'à ce jour, et cette circonstance
apprit à la communauté tout entière la merveille que le Divin Maître avait opérée en faveur de sa servante. Dès lors aussi, la Mère
Nogaret, partagée jusque-là entre la crainte
de résister à la volonté de Notre Seigneur et
le désir de conserver à son monastère une
existence aussi précieuse, n'hésita plus. For-
tifiée par les conseils du Père Milley, dont la
prudence consommée et les grandes lumières
lui inspiraient toute confiance, et comptant
d'ailleurs sur la force surnaturelle que Dieu
ne manquerait pas de départir à sa victime
dans la carrière des austérités et des pénitences, cette sage directrice permit à la Sœur
Anne-Madeleine de s'abandonner désormais
au mouvement divin et de suivre librement
son puissant attrait (1).

A partir de ce jour la Sœur commença à
marcher de plus près sur les traces de son
Époux crucifié. Brûlant du désir de se sacrifier pour la gloire et pour les intérêts sacrés
de son Dieu, elle se livra aux austérités les
plus rigoureuses. Elle couvrit son corps d'un

_______

(1) *Vie*, etc., *ibid.*

cilice de crin ; elle s'arma d'une ceinture et de bracelets de fer ; elle s'appliqua sur la poitrine un cœur formé de pointes aiguës, instruments que l'on conserve encore, comme des reliques précieuses, au monastère de la Visitation de Marseille. En outre, elle se réduisit à un seul repas par jour, si léger qu'on ne s'expliquait pas comment il pouvait suffire à cette frêle existence. Du reste, il eut été impossible à la généreuse pénitente d'exercer tant de rigueurs sur un corps aussi débile et aussi infirme, sans un secours extraordinaire du divin Maître. En effet, bien que délivrée de ses migraines, elle n'en était pas moins toujours souffrante, et une fièvre continuelle la consumait. Parfois ses forces l'abandonnaient, au point qu'elle en croyait mourir : c'étaient alors d'effrayantes agonies. Elle passait trois nuits par semaine devant le tabernacle, à genoux, immobile, le visage rayonnant d'une expression céleste. Les autres nuits, il était rare que son repos de trois ou quatre heures ne fût troublé ou par les souffrances du corps, ou par les peines de l'âme, ou par les excès de l'amour divin. Mais après ces nuits extatiques, où elle était parfois obli-

gée de rafraîchir sa poitrine brûlante au
moyen de linges mouillés, l'aube venue, elle
se relevait au premier signal, pleine d'une vigueur surnaturelle, afin de vaquer à ses occupations. Elle s'en acquittait avec un grand
zèle, et avec l'aptitude et la rare intelligence
dont le ciel l'avait douée, portant son martyre
intérieur, mais ne révélant à personne le secret de ses souffrances (1).

Le fruit de ces veilles, de ces prières, de ces
austérités n'appartiennent point à l'âme héroïque que nous étudions; Jésus l'unissant aux
mérites infinis de son sacrifice, en dispose librement pour le salut des âmes auxquelles il entend l'appliquer. C'est là une des conditions de
l'alliance qu'il a conclue avec Anne-Madeleine,
et que celle-ci scellera plus tard par un vœu
formel (2). Anne-Madeleine est une victime
qui doit prier et souffrir sans cesse pour la
réparation des péchés, et que le divin sacrificateur immolera en union avec son propre

(1) *Vie*, etc., c. 6 et 8.
(2) Par ce vœu qu'Anne-Madeleine fit le 8 décembre
1727, elle s'engagea à prier, à souffrir et à agir selon le
mouvement de la grâce, en faveur des personnes à qui il
plairait à Dieu d'appliquer ses prières et ses souffrances.
Le texte s'en trouve dans le compte de conscience.

Cœur pour les fins qu'il a en vue. Nous verrons qu'une des fins principales pour lesquelles il demandera à cette victime de choix des supplications et des pénitences, est le rachat de certaines âmes consacrées à Dieu. En effet, les offenses de ces âmes-là ont un caractère qui irrite davantage la justice infinie. Qui ne se rappelle les plaintes douloureuses que Notre-Seigneur adressait à leur sujet à la Bienheureuse Marguerite-Marie? Lui montrant son Cœur tout déchiré et transpercé de coups : « Voilà, lui disait-il, les blessures que je reçois de mon peuple choisi. Les autres se contentent de frapper sur mon corps; ceux-ci attaquent mon cœur, qui n'a jamais cessé de les aimer. » A cette vue, la vierge de Paray se sentait défaillir, et il n'y eut point de souffrances ni d'humiliations qu'elle ne consentit à endurer, pour arracher cette douleur au Cœur de son Époux (1). Marchant sur ces traces, Anne-Madeleine recueillit des trésors de patience, d'oraison et de longanimité, dans le but de secourir les âmes et de servir les intérêts du Cœur de Jésus.

(2) *Vie de la B. Marguerite-Marie*, par ses contemporaines.

Quelques exemples feront saisir au vif la vérité de ce fait basé sur le principe constant de la réversibilité des mérites. La pieuse visitandine assistait un jour à la messe, lorsque l'état déplorable de deux âmes consacrées à Dieu, et sur le point de se perdre, lui fut clairement montré. Cette vision produisit sur elle une impression si douloureuse, qu'elle tomba aussitôt en défaillance. Peu à peu, et à force de soins, elle reprit possession de ses sens, mais ce fut pour laisser échapper ces paroles : « Est-il possible, ô mon Dieu? Quoi ! des âmes qui vous sont consacrées.» Cependant il fallut faire avertir ces deux âmes en péril, car l'ordre de Notre Seigneur était formel. Nouveau sujet de peine et de confusion pour l'humble victime du Sacré-Cœur. Enfin, sans divulguer le secret d'en haut, on parvient jusques à elle, on les instruit du danger qu'elles courent, on leur remontre la nécessité d'une conversion sincère. Anne-Madeleine s'y emploie de son côté. Sa prière est ininterrompue, ses larmes coulent jour et nuit, ses pénitences sont effrayantes. Une immense consolation lui est bientôt accordée, car elle apprend qu'une de ces deux âmes, cédant à la grâce, a con-

fessé ses désordres, et s'est jetée dans les bras
de la miséricorde. Mais pour l'autre, ô douleur! ni la crainte des châtiments, ni les sollicitations de la grâce ne peuvent l'amollir. En
vain l'héroïque vierge multiplie ses supplications, offrant de souffrir elle-même les
coups de la justice infinie; le divin Maître,
lassé de la résistance de l'âme coupable, et de
l'abus qu'elle a fait des dons célestes, apparaît
à sa servante, et lui fait entendre son arrêt :
« Cette âme court à sa perte et s'obstine dans
son péché ; je l'abandonne!... » Ces mots terribles la glacent d'effroi, et lui occasionnent
un vomissement de sang, auquel elle eut infailliblement succombé, si un secours surnaturel ne l'eut conservée à l'existence et à sa
sa mission (1).

Ce n'étaient pas seulement les âmes du
dehors, c'étaient encore celles de son cloître
si cher qu'elle avait à enrichir du fruit de ses
souffrances. Voilà ce qu'elle nous apprend
elle-même : « Il y a quelque temps, écrit-elle
à son directeur, que je disais à Notre Seigneur
pourquoi Il permettait que je fusse dans une

_________

(1) *Vie*, etc., c. 6.

communauté où le pain des humiliations et des souffrances m'était refusé. Cette demande me parut lui être agréable, et voulant l'exaucer en quelque manière, il me fit connaître qu'il voulait me faire trouver, parmi les personnes avec lesquelles j'étais, un genre de souffrance qui ne serait connu d'aucune, me faisant porter le poids des fautes qu'elles commettraient et me donnant tout ce qu'il faudrait pour les détester et réparer. J'expérimente, en effet, depuis ce temps-là, des connaissances sur les besoins de nos Sœurs qui opèrent dans moi et dans elles des effets dignes du Maître qui les produit; ils sont toujours douloureux pour moi (1). »

Afin de la rendre digne de sa mission, le divin Maître donna à la Sœur Anne-Madeleine un cœur façonné d'après son Cœur crucifié, ardent, généreux et large comme les plages de la mer (2). Dès lors, rien ne put plus contenter son zèle pour la gloire de Dieu et pour le salut des âmes, ni assouvir son désir d'être immolée. « Je voudrais, s'écriait-elle, voir toutes les créatures employées à me faire

(1) Compte de conscience.
(2) III Reg., iv, 29.

souffrir, mais je ne mérite pas ce bien-là (1). »
N'est-ce pas là un écho de la sublime parole
de Thérèse : « Ou souffrir ou mourir? »

En tout elle nous apparaît comme une victime ; sans cesse elle demande qu'on lui voue
du mépris, qu'on l'humilie publiquement,
qu'on ne l'épargne en rien (2). Afin d'imiter
son Maître cloué à la croix, elle multiplie les
liens qui la tiennent attachée à l'autel du
sacrifice, et à ces vœux de religion, elle
ajoute, comme autrefois sainte Thérèse, sainte
Jeanne-Françoise de Chantal, la bienheureuse
Marguerite-Marie, et quelques autres saintes
âmes, le vœu d'accomplir toujours le plus
parfait. Le Père Milley et la Mère Nogaret
s'entendent pour lui accorder cette faveur, et
jusqu'à la fin de sa vie, on verra la solidité de
son esprit et l'étendue de sa charité éloigner
la peine et le scrupule, écueils ordinaires d'un
état aussi élevé, et assurer pleinement sa fidélité à ce nouvel et difficile engagement. Pour
la soutenir, le sage évêque de Marseille l'admet
à la communion quotidienne, privilége qui

(1) Compte de conscience.
(2) *Vie*, etc., c. 6.

s'accordait rarement à cette époque (1). Ce festin de chaque jour ne fait qu'attiser en elle le feu sacré que le Dieu de l'Eucharistie est venu jeter sur la terre (2). Aussi quand le céleste Époux lui demandera de le poser comme un sceau sur son Cœur (3), n'hésitera-t-elle point à pratiquer sur sa poitrine une opération douloureuse.

Cet incident est trop délicat pour que nous l'omettions. Voici comment elle le raconte elle-même : « Quelques jours avant ma retraite, dit-elle, après la communion, j'eus un mouvement pressant de graver le saint nom de Dieu sur mon corps, afin que l'impression de ce nom sacré sanctifiât le corps en même temps que l'opération intérieure divinisait en quelque sorte l'âme. Après l'action de grâces, j'exécutai avec le fer et le feu ce que le bon Dieu voulait de moi, sans aucune vue que j'eusse besoin d'autre permission. Je compris, après l'avoir fait, que Dieu commandait quelquefois les choses par lui-même, et qu'il ne laissait pas toujours la liberté de recourir à ceux

(1) *Vie,* etc., c. 6 et 7.
(2) Luc., XII, 46.
(3) Cant., VIII, 6.

qui peuvent nous assurer de sa volonté (1). »

Cependant son directeur ayant été informé
de ce fait, en conçut quelque inquiétude, parce
que la Sœur n'avait point demandé d'auto-
risation à ses supérieures. Mais elle le rassura
par les lignes suivantes : « Si dans l'inspiration dont je vous ai parlé, mon très-cher Père,
il m'était venu dans la pensée qu'il me fallait
une permission pour l'exécuter, je l'aurais
demandée : mais, je vous l'avoue, rien ne s'est
présenté à mon esprit. Soyez donc en repos
là-dessus, mon Révérend Père : les suites de
cette blessure n'ont été que douloureuses ;
mais Dieu en a pris soin d'une manière qui
me fait bien voir qu'il l'avait demandée (2). »
Cette réponse trahit chez la Sœur Anne-Madeleine un esprit judicieux, capable de discerner
les opérations de la grâce, comme son vœu du
plus parfait dénote en elle une âme héroïque,
digne de prendre rang parmi les âmes les plus
saintes de son époque.

Mais toutes les grandes qualités d'Anne-
Madeleine n'auraient point produit le fruit
qu'on était en droit d'espérer, si Dieu n'y

(1) Compte de conscience.
(2) Ibid.

avait ajouté une grâce précieuse entre toutes, la grâce d'une direction ferme et éclairée. Sous ce rapport, plus encore que sous les autres, elle fut vraiment privilégiée. En premier lieu, elle eut pour père spirituel le saint évêque de Marseille, très-versé dans les voies intérieures, et dont la haute influence apparaît dans toutes les circonstances importantes et décisives. Quand à sa direction ordinaire, nous avons vu déjà que des conjonctions assurément providentielles la firent tomber aux mains habiles du Père Milley; et lorsqu'on rapproche ce fait remarquable de la vocation du Père de la Colombière, appelé jadis à diriger Marguerite-Marie, on ne peut s'empêcher d'y reconnaître l'admirable dessein de la Providence, qui avait résolu d'associer la Compagnie de Jésus à tout ce qui se ferait de grand dans le monde pour la gloire du Cœur de Jésus-Christ. De plus, les supérieures qui à cette époque gouvernèrent successivement le premier monastère de la Visitation de Marseille, furent des femmes d'élite éclairées d'en haut; en sorte que l'ensemble de cette direction, où les voies de Dieu sur l'âme de la Sœur Anne-Madeleine furent étudiées de près, où les impressions de la grâce furent toujours secondées, où enfin l'on ne résista prudemment aux volontés du divin Maître que pour obtenir des signes manifestes de leur vérité, nous apparaît comme une des plus conformes aux principes de la théologie mystique dont l'histoire des âmes saintes fasse mention.

La victime du Sacré-Cœur est donc préparée, et la croix aussi est prête. C'est maintenant qu'elle va y être clouée mystiquement, quant à la chair et quant à l'âme, comme s'exprime saint Ignace d'Antioche (1) ; c'est maintenant que son âme, fixée dans la charité par le sang du Christ (2), va réfléchir, comme un miroir, quelques-uns des états intérieurs de l'Agneau immolé. Comme nous avons entendu la voix même du Cœur de Jésus-Christ s'exprimant par la bouche du roi-prophète, ainsi nous entendrons la voix de son épouse, dont les paroles nous ont été conservées dans des fragments de ses comptes de conscience. Voici comment elle décrit les faveurs surnaturelles dont elle est l'objet : « Les douleurs extérieures dont il plaît à Notre-Seigneur de m'hono-

(1) Ep. ad Smyrn.
(2) *Ibid.*

rer ont été si vives, mon Révérend Père, que
je croyais en mourir. Il me semblait qu'à chaque instant on m'enfonçait de gros clous dans
les pieds et dans les mains, qu'on me brûlait
la poitrine et les côtés avec des charbons ardents. Je ne pouvais m'appuyer sur ces par-
ties de mon corps sans augmenter mes douleurs ; elles sont à présent un peu moins vives,
excepté pendant la nuit, où je ne puis m'empêcher de pousser des soupirs et des gémissements, la nature se trouvant dans un état si
violent et dépourvue des secours qui lui viennent en d'autres temps. Que faire alors, mon
très-cher Père, si ce n'est de soupirer et de
recevoir avec reconnaissance les traits qui
peuvent me donner quelque ressemblance
avec mon adorable Époux Jésus ?... Je souffre
des douleurs de tête si violentes, surtout
pendant la nuit, que ma vue en est affai-
blie le matin, de telle sorte que je vois les objets doubles... Je ne saurais vous exprimer,
mon Révérend Père, tout ce que j'ai le bonheur de souffrir des marques glorieuses dont
mon divin Époux daigne m'honorer.

» Les douleurs ne point m'ont quittée, écrivait-elle, encore ; elles sont si vives et les effets

si surprenants, qu'il me faut à chaque moment,
ce me semble, un secours miraculeux pour
n'en pas mourir. Un matin, ne pouvant me
soutenir sur mes pieds, sans m'exposer à tomber, et l'abattement du corps ayant passé jusque dans l'âme, je me trouvai inondée d'amertume, et, commençant à douter, je vous
l'avoue, mon Révérend Père, du secours d'en
haut, je me disposais à en aller chercher ailleurs, quand j'en fus reprise intérieurement.
Notre-Seigneur me fit entendre que je ne devais chercher le remède que dans la cause qui
produisait le mal.

» Les expressions me manquent, mon Révérend Père, pour vous marquer jusqu'où va
la libéralité d'un Dieu qui daigne se communiquer sans mesure à une vile créature. Les
saisissements que son opération produit de-
viennent toujours plus violents, et le corps en
est extrêmement affaibli. La suppression de
tout l'humain où Dieu me tient ne me permet
pas alors de rien apercevoir de tout ce qui me
tombe sous le sens ; je découvre seulement,
lorsque l'opération est moins violente qu'elle
produit en moi la conformité avec Jésus, et
que cette société qu'il daigne entretenir avec

moi, non-seulement me fait entrer dans les
dispositions de son âme à l'égard de son Père,
mais encore me fait porter sur mon corps les
marques qu'il a portées lui-même pour satisfaire la divine justice. Ces marques sont quelquefois glorieuses, mais bien plus ordinaire-
ment douloureuses : c'est selon les différentes
impressions qu'on fait en moi. Je ne puis, au
reste, mon Révérend Père, comparer les douleurs que je ressens ni à l'application du fer,
ni à celle du feu ; c'est quelque chose de supé-
rieur à tout ce qu'on peut comprendre, et cependant toujours proportionné aux forces
données. La capacité de souffrir égale celle de
connaître, et c'est la connaissance qui produit
la douleur. Dieu semble à chaque instant faire
un miracle pour conserver la vie sous une
telle opération. Combien la créature est faible,
mon Révérend Père, pour soutenir la liberté
d'un Dieu (1) ! »

On voit par cette description saisissante des
dons ineffables de Jésus à son épouse, que
celle-ci est clouée sur la croix. La croix s'élève
comme c'est dans l'ordre, et en s'élevant, elle

_____

(1) *Compte de conscience.*

rapproche la crucifiée de Dieu. Alors cette âme reçoit une lumière plus vive, une science plus profonde. Mais ce phénomène est cause à son tour d'un autre phénomène : sa capacité de souffrir augmente en proportion de sa connaissance, car c'est la connaissance, assure-t-elle, qui produit la douleur. Rien n'est plus vrai, rien n'est plus remarquable. En effet, d'après les données de la science, il n'est pas douteux que l'intensité de la souffrance ne soit en rapport direct avec l'état mental de celui qui souffre. Plus la perception de la sensation douloureuse est nette, plus l'horreur de la souffrance est vive. On peut même dire que la souffrance réside principalement dans la connaissance qu'on en a, puisque les êtres humains doués d'une intelligence plus élevée et plus délicate, et chez lesquels par conséquent, cette connaissance est plus parfaite, sont très-sensibles à la douleur, tandis que les êtres dégénérés ou abrutis y paraissent infiniment moins sensibles. Il n'est donc pas surprenant qu'une âme pénétrant profondément dans la lumière surnaturelle, y reçoive une connaissance extraordinaire des sensations douloureuses, et qu'ainsi sa capacité de souffrir soit

élevée à une puissance surnaturelle. Alors
cette âme peut s'écrier à bon droit que les
souffrances ressenties dans cet état sont supérieures à tout ce qu'on peut comprendre.

Mais voici qui est plus admirable encore.
Baignée dans la lumière divine, l'âme a de la
grandeur de son Dieu une perception nouvelle
et plus parfaite. Elle voit, d'autre part, mieux
qu'elle ne l'a jamais vu, son propre néant
et ses propres imperfections ; et se sentant
rapprochée néanmoins d'une Majesté aussi
haute, le contraste de sa misère profonde avec
la sainteté infinie, lui cause une peine indici-
ble. Sainte Catherine de Gênes, dans son merveilleux écrit sur le Purgatoire, nous dépeint
le supplice d'une âme qui, bien qu'en état de
grâce mais couverte encore de souillures,
sent les approches de l'Être absolument parfait (1). De son côté, la Bienheureuse Marguerite-Marie, ayant contemplé en Dieu deux
saintetés, la sainteté d'amour et la sainteté de
justice, toutes deux très-rigoureuses en leur
manière, nous apprend les impressions terribles qu'elle en recevait, lorsqu'elles s'exer-

(1) *Tract. de Purgator.*

çaient sur elle (1). A peine elle sentait l'approche du divin Maître, à peine celui-ci écartait légèrement le voile qui cache sa souveraine Majesté à l'éclat insoutenable, un profond anéantissement s'imprimait en elle, elle se voyait comme tombée, anéantie, dans l'abîme de son néant, elle se prosternait la face contre terre, par respect et hommage envers cette grandeur infinie (2). Ainsi la sœur Anne-Madeleine. Les connaissances extérieures dont elle est gratifiée, augmentent en diverses manières ses souffrances. Se voyant comme une vile créature en présence du Saint des saints sentant les péchés d'autres âmes appliqués sur son âme de victime par une intime opération de Dieu, ayant la perception la plus délicate des marques douloureuses que porte son corps pour satisfaire à la sainteté de justice, son tourment l'emporte sur tous les supplices de la terre. Mais ce martyre, elle l'accepte, elle le veut; et comme elle l'assure elle-même, tandis qu'elle l'endure, elle se revêt des sublimes dispositions qui animaient le Cœur du

(1) *Vie de la B. Marguerite-Marie*, écrite par elle-même.
(2) *Ibid.*

Christ envers son Père céleste durant l'élévation de la croix.

Cependant il faut que la ressemblance entre
Jésus crucifié et sa victime, entre le modèle
et l'image, devienne de plus en plus frappante; c'est pourquoi le phénomène des stigmates se caractérise. Il amène de nouveaux
accès de douleur et d'amour, sous l'empire
desquels la pauvre patiente, malgré sa générosité, laisse échapper parfois des cris plaintifs
dans le silence des nuits. Alors le divin Maître,
prenant en pitié sa servante, condescend à
lui faire une proposition.

« Pendant mon oraison, nous dit-elle, Notre - Seigneur me proposa de choisir entre
les deux partis suivants: que les marques
dont Il daigne m'honorer parussent au dehors, ce qui diminuerait mes douleurs et
porterait les hommes à le bénir de ses merveilles, ou que par contraire, ces marques
demeurant toujours cachées, les douleurs de-
vinssent plus violentes, ce qui le glorifierait
davantage. Je n'eus alors, je vous l'avoue,
d'autre mouvement, mon très-cher Père, que
de me livrer à ce qui contribuerait le plus à
la gloire de mon Sauveur, et je le priai de

choisir lui-même. Il le fit, et son choix tomba
sur l'augmentation des souffrances; mais
quelles souffrances! Je ne puis m'en expliquer, mon Père, que par l'impuissance où je
suis de le faire. (1) »

Mais voici que ces souffrances cessent tout
à coup, sans qu'elle en puisse découvrir la
raison. Elle s'étonne, et le démon profitant
de son trouble, essaye de lui persuader que
son état n'est qu'une illusion. Elle a recours
cependant à son céleste Époux, et celui-ci ne
tarde pas à la consoler et à l'assurer par un
nouveau prodige, de la réalité de ses dons.
« Ce Dieu de bonté, dit Anne-Madeleine, se
présenta à moi, et pour guérir mon incrédu-
lité, Il imprima sur mon corps les marques
que je croyais imaginaires. C'était une lumière ardente qui sortait de ses plaies adorables, et qui me faisait voir sur mes mains
les marques qu'elle imprimait au-dedans, et
cela avec tant de certitude, qu'il ne me serait
pas possible désormais de former aucun doute
là-dessus. J'étais cependant alors dans un de
ces saisissements dont je vous ai parlé, mon

(1) *Compte de conscience.*

Révérend Père, et quand je vous dirais ce
que j'ai vu, je serais bien en peine d'exprimer
comment. L'assurance que j'en ai est cependant beaucoup plus grande que si elle était
venue des sens extérieurs, par lesquels je n'ai
d'ailleurs jamais rien vu de ce qu'il a plu à
Notre-Seigneur de me communiquer (1). »

Les lignes qui précèdent ont un caractère
suffisant d'authenticité, et le témoignage
qu'elles renferment, exprimés en des termes
aussi simples, aussi véridiques, paraîtra sans
doute convaincant. Ce point une fois admis,
il est facile de reconnaître dans l'état de la
Sœur Anne-Madeleine les signes ordinaires
de l'extase. En effet, les sens extérieurs de la
patiente sont suspendus, tandis que les puissances de son âme opèrent seules, tandis que
son intelligence, immergée dans la lumière
d'en haut, et que sa volonté embrasée d'a-
mour, produisent les actes élevés d'une contemplation unitive. Rien dans ces moments
heureux qui ne se ressente de la présence de
la Divinité, rien qui ne soit digne de l'opération de Jésus, et de l'attouchement de ses

(1) *Conscience.*

plaies. Les simples paroles qui recouvrent
ces mystères, et qui voudraient les dérober,
si l'obéissance le permettait, laissent entrevoir, chez l'âme favorisée, des ardeurs séra-
phiques. Enfin, une vie plus sainte encore,
dont nous recueillerons bientôt les preuves,
des vertus d'une *héroïcité* difficile à contester,
des connaissances très-hautes sur Dieu, un
désir plus vigoureux des humiliations et un
mépris plus profond des choses de la terre,
tels sont les effets qui suivirent ces grâces
éminentes, et qui, selon la doctrine de tous
les maîtres en théologie mystique, sont propres à en établir la vérité. Et comme dans son
touchant langage, empreint des signes de sa
véracité, l'extatique, contrainte par l'obéissance, nous raconte la vertu qui sortit des
plaies de son Jésus, et les marques tantôt
glorieuses, tantôt douloureuses, dont furent
honorés ses membres, acceptons de confiance
son témoignage, et rangeons la Sœur Anne-
Madeleine parmi les vierges stigmatisées, au
rang qui lui semble convenir.

Saint François d'Assise occupe incontesta-
blement dans cet ordre le rang le plus glorieux. Ses stigmates diffèrent de tous les

autres, en ce qu'ils furent permanents jusqu'à la mort du patriarche séraphique, et en ce qu'ils offrirent la ressemblance des clous qui percèrent les pieds et les mains du Sauveur (1). On place après lui sainte Catherine de Sienne. Notre-Seigneur lui apparut, et fit sortir des cinq ouvertures de ses plaies sacrées, cinq rayons sanglants, qui se dirigèrent vers les mains, les pieds et le cœur de cette illustre vierge. Mais celle-ci ayant demandé aussitôt que les cicatrices ne parussent pas à l'extérieur, elle fut exaucée; en sorte que les rayons, de sanglants qu'ils étaient, devinrent lumineux, et parvinrent ainsi aux cinq endroits du corps, sans laisser de traces visibles, mais en causant à la patiente les plus vives douleurs (2). D'autres vierges ensuite, favorisées des stigmates, obtinrent pareillement du divin Maître, que ces mar-

(1) V. Sarnelli, *Lettere ecclesiastiche*, t. IV, lett. 32, *Delle S. Stimmate di S. Fr. di Assisi.*

(2) Raymond. a Capua. *Vita S. Cathar. Senen.*, part. II, c. 7. Ce fait donna lieu à une longue controverse entre les Franciscains et les Dominicains. Elle ne se termina qu'en 1630, par l'autorité d'Urbain VIII, qui reconnut définitivement la stigmatisation de la sainte. V. Theophil. Raynaud, S. I, Op. t. XIII, *de Stigmatismo sacro et profano.*

ques sacrées demeureraient invisibles à tous les yeux (1). Nous savons maintenant quelle alternative fut proposée à la sœur Anne-Madeleine, et quel choix elle fit, dans son zèle désintéressé pour la gloire de son Époux. C'est pourquoi il ne faut point ranger cette vierge courageuse au nombre des servantes du Christ qui ont été honorées de la stigmatisation visible et complète, comprenant la couronne d'épines et les cinq plaies, comme l'a été, par exemple, Louise Lateau, notre célèbre contemporaine de la Belgique; mais il est juste de la placer dans un rang un peu inférieur, parmi celles qui ont reçu la faveur de la stigmatisation incomplète et invisible pour d'autres que pour elles-mêmes. C'est déjà là une très-grande gloire, et dans tout l'ordre de la Visitation, la Sœur Anne-Madeleine est la seule qui l'ait obtenue.

Reprenons maintenant notre récit. Tant de grâces admirables ont disposé cette grande âme à contracter avec la Divinité une union étroite et sublime. Qu'on se rappelle l'ardente charité, les désirs brûlants et les ineffables

(3) Gorres les cite dans sa *Mystique divine*, t. II, c. 15.

8.

liens qui unissent le Verbe de Dieu à sa créature, et que chante le Prophète au Cantique des cantiques : nous allons voir l'aurore de ces mystères qui ne seront pleinement révélés qu'au ciel. Mais, ici encore, laissons la parole à l'âme trois fois heureuse qui fut l'objet d'une aussi haute faveur : « Dans ma retraite de 1716, dit-elle, un jour, après l'obéissance du matin, j'eus un sentiment de la présence de Dieu si fort, que, ne pouvant me soutenir, je fus contrainte de me mettre à genoux pour admirer cette divine présence. Je me trouvai en même temps investie de cette gloire qui environne le trône de la majesté de Dieu, dont l'éclat et la grandeur m'abîmaient de respect. Cette vue m'ayant comme enlevée à moi-même et fait perdre le sentiment naturel, je me trouvai, par cette espèce de mort extérieure, disposée à recevoir avec moins d'obstacles de ma part les biens qui m'étaient destinés. Il me fut dit pour lors que les trois adorables Personnes de la très-sainte Trinité désiraient ardemment contracter avec moi une union que rien ne serait capable de rompre, et qu'Elles ne demandaient pour cela que mon consentement. A ce mot d'union, je

sentis que tout mon être se fondait, pour
ainsi dire, pour s'aller perdre dans cet Être
immense. L'accablement et la confusion ne
me laissaient qu'un profond silence par lequel
je consentais à tout. Je le rompis enfin pour
prier les trois adorables Personnes de faire
en sorte que mon indignité ne mît point
d'obstacles aux richesses dont elles venaient
de me remplir, et je m'occupai ensuite à adorer les abaissements d'un Dieu dans le fond
d'une âme criminelle. Les connaissances que
je recevais des adorables Personnes étaient si
profondes et si secrètes, qu'il ne m'a jamais
été permis d'en dire quelque chose; j'ai toujours appréhendé de ravaler le don de Dieu
par mes faibles expressions, ne croyant pas
aussi qu'elles fussent suffisantes pour donner
une juste idée de la grandeur de ses lumières.

» Après avoir joui pendant deux heures de
ces sacrées communications, connaissant que
ces trois divines Personnes allaient s'éloigner
de moi par cette présence sensible, je les priai
instamment de me bénir. Je n'eus pas plutôt achevé ma prière, que le Père éternel me
fit connaître que la bénédiction qu'il me
donnait, c'était qu'il ferait en sorte que je ne

le perdisse jamais de vue. L'adorable Personne du Fils me fit voir que, m'ayant choisie pour être la victime de son sacré Cœur, la bénédiction qu'il me donnait, c'était de m'ouvrir les trésors qu'il renferme et de me donner droit d'en disposer toujours selon son bon plaisir. Enfin la bénédiction que je reçus du Saint-Esprit fut que je ferais un continuel progrès dans son amour, et que la grâce ne serait jamais vaine en moi. Après quoi la vision disparut, et, étant revenue à moi, je me trouvai comme une nouvelle créature qui ne savait de quelle manière s'y prendre pour reconnaître le don de Dieu. Je portai pendant quelques jours les impressions de cette grâce, et j'étais comme dans un ravissement intérieur qui ne me laissait plus rien à désirer. Cette bénédiction abondante m'a été renouvelée plusieurs fois, mais avec plus de pureté que la première fois, les sens extérieurs n'y entrant pour rien, tout se passant dans l'intimité de l'âme (1). »

Dans une page immortelle, sainte Thérèse nous a dit les effets que ce mariage mystique

_____

(1) *Compte de conscience.*

produit dans une âme. Le premier est un tel oubli de soi qu'il semble véritablement que l'âme n'a plus d'être, parce que la transformation qui s'est faite en elle est si totale qu'elle ne se connaît plus. Elle ne pense ni à la félicité du ciel, ni à la vie, ni à l'honneur ; mais elle s'occupe tout entière à procurer la gloire de Dieu. On voit dans sa vie l'accomplissement fidèle de ces paroles que Notre-Seigneur lui a dites : « Occupe-toi de mes intérêts, je prendrai soin des tiens. »

Le second effet de cette vie en Jésus-Christ est un grand désir de souffrir, mais un désir qui ne cause point d'inquiétude. Et ce qui est plus étonnant encore, c'est que ces âmes sont si embrasées du désir de servir Dieu, de faire bénir son nom, d'être utiles à quelque âme, que loin de soupirer après la mort qui doit les réunir à l'objet de leur amour, elles souhaitent vivre pendant de longues années, et au milieu des plus grandes souffrances, trop heureuses de pouvoir à ce prix procurer au divin Maître une partie des louanges qu'il mérite (1).

(1) *Le Château intérieur*, septième demeure, c. 3.

Il sera facile de constater que ces effets se reproduisirent dans l'âme de la Sœur Anne-Madeleine, et de juger par là de la réalité des célestes communications. Notre-Seigneur exauça d'ailleurs son ardent désir de souffrir pour la gloire de Dieu et pour le rachat des âmes ; il lui fit sentir avec une force nouvelle l'impression du courroux divin contre les pécheurs dont en sa qualité de victime elle tenait la place ; il lui donna à différentes reprises la vue des crimes d'autrui qu'elle devait expier, et de l'état intérieur des âmes pour lesquelles elle avait mission de prier. La perte irréparable des âmes l'accablait ; la pensée de la gloire qu'elles ravissaient à Dieu par leur damnation, la touchait bien plus profondément encore. Nous en recueillerons des preuvres dans les pages suivantes de son compte de conscience :

« Quelque sévère que mon divin Maître se montre à mon égard, écrivait-elle, je ne laisserai pas de compter toujours sur lui. Il me suffit de savoir qu'il est infiniment aimable pour que je fasse tous mes efforts pour l'aimer: c'est Lui que je cherche et non ses récompenses. Oh ! non, ce ne sont pas ses châtiments que je crains ; ce que j'appréhende, c'est de lui déplaire. Je souffre volontiers, parce que mon Sauveur le veut ainsi, et je sacrifie de tout mon cœur ma satisfaction à l'accomplissement de sa divine volonté..... Il n'y a plus moyen, mon Révérend Père, de tenir contre la justice de Dieu qui s'applique sur moi. Son bras se fait sentir d'une manière toujours plus terrible, sans que j'en comprenne ni la suite ni les effets. Je suis accablée de la plus vive douleur, sans pouvoir distinguer le mouvement qui l'excite, si c'est l'horreur du mal ou le désir du bien. Ce que je connais de plus net, c'est qu'elle est semblable à celle des damnés, qui n'est produite que par des désirs paralytiques qui remplissent les enfers..... Les souffrances du corps ne sont rien, comparées à celles de l'âme qui se trouve dans un délaissement absolu, ne voyant plus rien ni dans ce que Dieu est pour lui, ni dans ce qu'il est ou a été pour moi, qui ne me jette dans la plus amère amertume, et ne me mette hors d'état de pouvoir faire autre chose que de souffrir de la manière la plus douleureuse. Je ne trouve pas en cela même, mon Révérend Père, cet effet de contentement et de joie qui me faisait regarder un état souffrant comme le plus digne de l'ambition d'une créature. Rien dans le passé, le présent ou l'avenir qui ne me fasse de la peine ; mais ces peines ne m'inquiètent point, et ne me font pas, ce me semble, perdre la tranquillité et l'acquiescement que l'âme conserve au milieu de ses agitations.

» Le corps succombe presque à chaque pas, je vous l'avoue, mon Révérend Père ; combien les douleurs qu'on lui fait porter sont aiguës ! Le bon Dieu y joint depuis quelque temps, une impression des mêmes peines que le péché a produites en Jésus-Christ. Eh ! qu'il est bien vrai que le péché n'est pas connu ! Dieu fait un miracle pour soutenir une âme à qui Il en fait porter la peine. Je le conjure sans cesse de répandre cette connaissance qu'Il daigne me donner sur tant d'âmes qui le commettent sans horreur..... On m'a montré, mon très-cher Père, une augmentation de souffrances en comparaison desquelles tout ce que j'ai souffert jusqu'à ce jour ne me paraît rien ; l'effet a suivi de près la connaissance. Depuis quelques jours je me trouve dans des excès de douleur et d'agonie presque continuels, dont la cause est la vue que Dieu me donne de sa justice irritée par les péchés des hommes. Ces péchés, Il veut que je les déteste. Dans les délaissements continuels où l'âme se trouve réduite, mon Révérend Père, elle ne voudrait dire autre chose, sinon ces paroles : *Mon Dieu, mon Dieu, pourquoi m'avez-vous abandonnée?...* La fièvre, la toux, les crachements de sang, les oppressions, une douleur de côté, et les autres souffrances du corps, ne sont rien en comparaison de celles de l'âme. Tout est abîmé dans l'amertume ; mais que je serais heureuse si je pouvais rendre le dernier soupir sous la force de l'opération douloureuse !... Je ne fais plus que souffrir, écrivait-elle dans une autre circonstance ; le corps et l'âme se trouvent comme chargés devant Dieu et pour Dieu des iniquités de bon nombre de personnes. »

Elle disait encore : « Me sentant poussée d'un désir ardent de venger sur moi les injures qui sont faites au Sacré Cœur de Jésus sur nos autels, j'ai fait des instances auprès de notre Mère pour satisfaire ce désir ; mais les oppositions qu'on y trouve m'ont portée, je vous l'avoue, Mon Révérend Père, à demander à Dieu d'y suppléer et de faire ce que les hommes ne veulent pas accorder. Depuis lors, je n'ai guère été sans souffrir beaucoup, soit dans mon corps, soit par les peines d'esprit. Je ne doute pas que Dieu n'ait permis cette opposition de ma Supérieure pour se rendre lui-même mon sacrificateur..... Je passe quelquefois les trois heures de la nuit dans des détresses mortelles, plus dures à soutenir que la mort. Le délaissement que j'éprouve est si entier, qu'il ne présente rien du tout de propre à me donner la plus petite consolation. Je ne la cherche pas d'ailleurs, cette consolation, et mon âme commence à s'accoutumer aux plus rudes privations sans même s'en apercevoir. Tout ce que je puis faire, c'est de souffrir, et de souffrir de toutes manières, sans pouvoir tirer de mes souffrances aucune consolation. Je ne la désire même pas, cette consolation de mon Dieu ; n'est-ce pas, mon Père, le comble du délaissement, que de ne pas désirer de revoir son Dieu, quand on est délaissé ? Hier au soir, dans mes plus cruelles douleurs, écrivait-elle à sa Mère, au lieu d'appeler mon Dieu *bon Dieu*, je suis tentée de lui donner le nom d'injuste ! Et il me semble que ces sentiments suggérés par l'esprit de ténèbres, au lieu de me faire horreur, trouvaient en moi un consentement qui me paraissait beaucoup plus volontaire que celui que j'ai donné au bien quand il m'a été représenté. Il me semble assuré que de toute éternité Dieu a voulu ma perte, et que mon nom est effacé du livre de vie. Tout semble me le prouver... Le Seigneur continue à me faire sentir les rigueurs de sa justice par tout ce que les sens peuvent avoir de plus dur et de plus amer.... L'approche des saints mystères ne me fait aucune impression. Il me semble que tout ce qu'il pourrait y avoir de bon dans mes actions est désavoué et perdu par les sentiments d'aversion pour Dieu, et par les doutes sur la foi que l'ennemi me suggère ; et ces sentiments me paraissent tenir plus à moi que je n'y tiens moi-même. »

A son directeur elle disait encore : « J'éprouve des agonies intérieures si contraires à la nature et aux sens, qu'il n'y a, ce me semble, point de mort ni de tourment que je ne préférasse à un seul quart d'heure de cette disposition. Je désire alors ardemment de sortir de cette prison de chair pour m'unir enfin à mon Dieu. Ce désir m'a livré de si vives attaques, mon Révérend Père, qu'elles m'auraient en effet donné la mort, si Dieu ne m'avait aidée puissamment à les soutenir. »

Enfin, voici comment-elle dépeint l'excès de son délaissement : « L'obéissance, dit-elle, m'ayant permis de passer la nuit en prières pour seconder le mouvement qui m'en était donné, il a plu à l'infinie miséricorde de mon Dieu d'opérer en moi de grandes choses. Je me suis trouvée tout [d'un coup dans un délaissement intérieur qui ne peut être exprimé. Cependant plus les puissances de mon âme étaient inondées d'amertume, plus le fond de cette âme était à Dieu.... (1) »

On le voit, liée en esprit sur l'autel du sacrifice, la Sœur Anne-Madeleine reçoit une large part des angoisses et de la dernière agonie de son Maître. Mais ce n'est pas tout, et au milieu de son martyre, il faut encore que l'adoration s'élève, et que la louange éclate. C'est pour cette fin que l'Esprit céleste dispose son âme. Tandis qu'il livre le dehors de cette âme à la douleur et aux délaissements, il s'unit plus étroitement la partie intime, et la remplissant de lumières et de délices, il l'excite à produire

_______

(1) *Compte de conscience.*

des actes intérieurs conformes à ceux que le Cœur de Jésus en croix offrit à son Père et que, sous le souffle prophétique, David avait décrits dans les deux psaumes analysés plus haut. On sera frappé de ce rapprochement en parcourant les lignes suivantes du compte de conscience :

« Au milieu de la nuit, il s'est fait en moi un grand changement. Il m'a paru que j'étais présentée devant le trône des trois Personnes de l'adorable Trinité, et que notre divin Jésus m'invitait à me reposer sur son sein et me découvrait d'une manière admirable les mystères qui s'y trouvent cachés ; me présentant ensuite à son Père, Il lui disait : Bénissez, Père saint, la victime que je me suis choisie, et puisqu'elle participe à mes souffrances, qu'elle participe à ma gloire ! Dans le même moment, je me suis trouvée comme investie et pénétrée de cette gloire.... »

« La veille du jour où je devais entrer en retraite, écrivait-elle encore en 1724, le soir, pendant l'oraison, il m'a semblé que le bon Dieu m'ouvrait son sein et m'invitait à y entrer pour recevoir tout en lui, afin qu'en me perdant moi-même, je fusse mieux en état de recevoir tout de Lui. Je me suis vue alors comme une eau sale qu'on jette dans la mer, et qu'on ne peut plus, un moment après, distinguer de la mer elle-même. Ainsi devenue comme une même chose avec mon Dieu, mais d'une manière beaucoup plus simple et infiniment plus pure que tout ce que j'ai éprouvé jusqu'à maintenant, j'ai été comme remplie de la connaissance de Dieu dans sa propre connaissance. Je l'ai vu comme un être infiniment parfait, uniquement appliqué à Lui-même et à ses adorables perfections, trouvant en soit l'unique source de sa félicité, et ne pouvant recevoir de sa créature un hommage parfait que celui qu'il se rend à Lui-même en elle. C'est cet hommage qu'il ma paru se former en moi d'une manière digne de Lui, et où je puis bien dire qu'il n'y a rien eu de moi. Ne me demandez pas, mon Père, ce qui s'est passé : ce n'a été ni une lumière, ni un goût, ni une souffrance, ni une joie pleine ; mais Dieu Lui-même, tel qu'il est, autant qu'il peut être reçu dans une vile créature. (1) »

Le lecteur peut se faire maintenant une

_____

(1) *Compte de conscience.*

idée complète de la sœur Anne-Madeleine. A
cette belle âme nous appliquerons ce que
saint Denys l'Aréopagite dit de son maître Hié-
rothée : il lui fut donné d'entendre les choses
divines, non seulement en les saisissant, mais
encore en les pâtissant, et c'est par ce rapport
de passion avec Jésus, qu'elle fut consommée
dans l'union mystique (1). Nous l'appellerons
aussi dans le style de saint Jean Chrysostôme,
une vierge crucifiée, dégagée des choses de
la terre, et le regard fixé vers les cieux (2).
Enfin nous la mettrons au rang de ces vierges
apostoliques, de ces imitatrices de la virginale
associée du divin sacrifice, dont toutes les
prières et toutes les austérités n'ont d'autre
but que l'accomplissement des désirs du Cœur
de Jésus-Christ.

(1) *De Nom. div.*, c. II.
(2) *Exposit.* in Ps. XLIV.

# CHAPITRE V

## LE SACRÉ CŒUR.

> *Et effundam super domum David*
> *et super habitatores Ierusalem,*
> *spiritum gratiae et precum ; et as-*
> *picient ad me quem confixerunt.*
>
> Et je répandrai sur la maison
> de David et sur les habitants de
> Jérusalem un esprit de grâces et
> de prière : alors ils jetteront les
> yeux sur moi qu'ils ont percé.
>
> Zach., xii, 10.

Lorsque Jésus eut expiré, de son côté, ouvert par la lance, sortit l'Église, avec le sang et l'eau de la Rédemption (1).

L'Église, cette épouse glorieuse et sans tache du Christ endormi sur la Croix (2), eut donc pour berceau le côté entr'ouvert, le cœur percé de son royal Époux. Comment aurait-

(1) V. Ioan., xix, 34.
(2) Ephes., v, 27.

elle pu jamais oublier une aussi noble origine? Comment aurait-elle pu cesser un seul instant de contempler, d'aimer et de baiser la plaie sanglante qui lui avait livré passage ? Ah ! toujours elle l'a devant les yeux : toujours elle tressaille à cette vue qui la reconforte, et qui lui fait trouver des délices dans son exil. La pensée du côté percé de Jésus-Christ transporte les martyrs et embrase les vierges ; elle fixe le regard des docteurs ; elle enivre les âmes qui, à l'exemple de saint Jean, se reposent sur la divine poitrine dans le festin de l'Eucharistie (1). Telle est l'aurore de cette belle dévotion, que nous verrons croître sans cesse. En effet, si nous pénétrons dans le moyen-âge, nous y rencontrerons bientôt des âmes délicates qui, fixant l'œil de l'intelligence dans le Cœur entr'ouvert de Jésus, y trouvent la perfection de l'amour (2), ou qui,

---

(1) V. Euseb., *Ep. Martyr. Lugdunen.*; Tertull., *de Baptism.*, c. 16, et *de Anima*, c. 43; Cypr., *de Monte Sinai et Sion*; Ambros., in Ps. XLV, et in Ps. CXVIII, serm. 1 et 3 ; *de Spir. Sanct.*, lib. II, c. 5; Chrys., *Hom. in omnib. martyr.*; Aug., *Tract.* CXX in Ioan., etc., etc. V. aussi l'abbé Bougaud, *Histoire de la B. Marguerite-Marie*, c. 7.

(2) Cathar. Senen., *Dialog.*, XXVI.

se plaçant sur le sein même du Christ, tirent à elles la vie de la grâce, et y goûtent la nature divine qui rend douces les vertus (1). C'est surtout dans les cloîtres que la piété envers le Sacré-Cœur devient ardente. Là nous entendrons en l'honneur de ce Cœur adorable, retentir de nobles accents. Dans son asile sacré, Gertrude chantera cette belle hymne : « Joie et allégresse soient à vous, ô Jésus, pour votre Cœur divin, que l'amour a transpercé pour moi jusque dans la mort.

« Joie et allégresse soient à vous dans ce Cœur très-aimant qui m'a été ouvert par la lance, afin que mon cœur put y entrer et y prendre son repos !

« Joie et allégresse soient à vous dans ce très-doux Cœur, mon unique refuge dans mon exil, ce Cœur si rempli de tendre sollicitude envers moi, si altéré dans son amour pour moi, qu'il ne se reposera jamais, jusqu'à ce qu'il m'ait reçue en lui-même pour l'éternité (2). »

Ces chants ne sont que le prélude d'autres louanges ; et néanmoins nous ne pouvons pas dire que le Cœur de Notre Seigneur, adoré et

(1) Cathar. Senen., *Dialog.*, xcvi.
(2) S. Gertrud., Exerc. vi, trad. de Dom Gueranger.

aimé implicitement dès l'origine, reçut, même
à l'époque de la grande abbesse bénédictine,
un culte spécial dont l'expression doctrinale
et la forme liturgique fussent consacrées par
l'autorité de l'Église. Cette grâce était réservée
aux derniers temps. Dans le dessein de la Providence, elle devait nous être accordée lorsque
la charité semblerait s'éteindre, afin que les
âmes pussent s'embraser dans la source même
de l'amour; lorsque les périls de l'Église de-
viendraient imminents, afin qu'entourée de
ses ennemis et comme aux abois, l'Épouse du
Christ put se réfugier dans le Cœur même
d'où elle était sortie; lorsqu'enfin l'apostasie
sociale serait sur le point de se consommer,
afin qu'une réparation vraiment digne et en
rapport avec ce grand crime des peuples
chrétiens, put être offerte au Cœur de Jésus-
Christ, et par ce Cœur immolé, à la Majesté de
Dieu. Ces temps sont venus, et aujourd'hui
sous le souffle de l'Esprit qui répand la grâce
et inspire la prière, les peuples lèvent les yeux
vers le Cœur qu'ils ont transpercé par leurs
offenses (1).


(1) Zach., xii, 10.

L'apôtre du Sacré-Cœur, la bienheureuse Marguerite-Marie, a prophétisé, dans l'admirable vision qu'elle eut en la fête de la Visitation de l'année 1688, par quels instruments Dieu étendrait dans le monde entier la dévotion au Sacré-Cœur : « Il me fut, dit-elle, représenté un lieu fort éminent, spacieux et admirable en sa beauté, au centre duquel il y avait un trône de flammes dans lequel était l'aimable Cœur de Jésus avec sa plaie, laquelle jetait des rayons si ardents et si lumineux que tout ce lieu en était éclairé et échauffé. La Très-Sainte Vierge était d'un côté, notre Père saint François de l'autre, avec le saint Père de La Colombière ; et les Filles de la Visitation paraissaient dans ce lieu, leurs bons anges à leur côté, qui tenaient chacun un cœur en main. La Sainte-Vierge nous invitait par ces paroles maternelles : « Venez, mes filles bien-aimées, approchez-vous, car je vous veux rendre dépositaires de ce précieux trésor que le divin Soleil de justice a formé dans la terre vierge de mon cœur, où il a été caché neuf mois, après lesquels il s'est manifesté aux hommes, qui, n'en connaissant pas le prix, l'ont méprisé, parce

qu'ils l'ont vu mêlé et recouvert de leur terre,
dans laquelle le Père éternel avait jeté toute
l'ordure et corruption de leurs péchés, lesquels il a fait purifier pendant trente-trois
ans dans les ardeurs du feu de sa charité ;
mais voyant que les hommes, bien loin de
s'enrichir et se prévaloir d'un si précieux trésor, selon les fins pour lesquelles il leur avait
été donné, tâchaient au contraire de le réduire
à néant et l'exterminer, s'ils avaient pu, de
dessus la terre, le Père éternel, par un excès
de miséricorde, a fait servir leur malice pour
leur rendre encore plus utile cet or précieux,
lequel, par les coups qu'ils lui ont donnés en
sa Passion, en a fait une monnaie inappré-
ciable, marquée au coin de sa divinité, afin
qu'ils en puissent payer leurs dettes et négo-
cier la grande affaire de leur salut éternel. »

« Cette reine de bonté continuant de parler
aux Filles de la Visitation, leur dit en leur
montrant ce divin Cœur :

« Voilà ce divin Trésor qui vous est tout
particulièrement manifesté par le tendre
amour que mon Fils a pour votre Institut,
qu'il regarde et aime comme son cher Benja-

min, et pour cela le veut avantager de cette
possession par-dessus les autres. Et il faut
que, non-seulement celles qui le composent
s'enrichissent de ce Trésor inépuisable, mais
encore qu'elles distribuent cette précieuse
monnaie de tout leur pouvoir, avec abondance, en tâchant d'en enrichir tout le
monde, sans craindre qu'il défaille, car
plus elles y prendront, plus il y aura à
prendre. »

« Et puis, se tournant vers le bon Père de
la Colombière, cette Mère de bonté lui dit :
« Et vous, fidèle serviteur de mon divin Fils,
vous avez grande part à ce précieux trésor ;
car s'il est donné aux Filles de la Visitation
de le faire connaître, aimer et distribuer aux
autres, il est réservé aux Pères de la Compagnie d'en faire voir et connaître l'utilité et la
valeur, afin qu'on en profite, en le recevant
avec le respect et la reconnaissance dus à un
si grand bienfait. Et à mesure qu'ils lui feront
ce plaisir, ce divin Cœur, source féconde de
bénédictions et de grâces, les versera si abon-
damment sur les fonctions de leur ministère,
qu'ils produiront des fruits au-delà de leurs
travaux et de leurs espérances, et même pour

le salut et la perfection de chacun d'eux en particulier (1). »

Cette vision merveilleuse nous explique en partie le dessein de la Providence. On y voit tout d'abord que celle-là même qui avait assisté à l'ouverture du Cœur de Jésus sur le Calvaire, reçoit la mission de montrer ce divin Cœur aux âmes. On constate ensuite que deux grands ordres religieux sont choisis comme les instruments principaux de la propagation du nouveau culte. A peine la bienheureuse Marguerite-Marie est-elle descendue dans la tombe, que le travail commence. On se consacre au Sacré-Cœur, on cherche à lui conquérir des adorateurs. De tous côtés, des autels s'élèvent en son honneur, et des confréries sont érigées. Les papes Innocent XII, Clément XI, Benoît XIII enrichissent ces dernières de grands priviléges et de précieuses indulgences. La fête du Sacré-Cœur commence aussi à être célébrée au jour marqué par Notre-Seigneur, c'est-à-dire le vendredi après l'octave du Saint-Sacrement. Et après vingt ans de pieux efforts, le culte du Cœur de Jésus,

(1) Lettre de la B. Marguerite-Marie à la Mère de Saumaise, juillet 1688.

propagé de monastère en monastère, de confrérie en confrérie, et pénétrant même dans les campagnes, a fait le tour de la France (1).

Mais le dessein de la Providence comprend encore d'autres merveilles. La dévotion au Sacré-Cœur a non-seulement pour fin de réchauffer les âmes, ainsi qu'il a été montré plus haut, elle doit contribuer en outre à rendre au Christ les peuples. C'est pourquoi elle revêt deux formes bien caractérisées : une forme morale qui se rapporte aux personnes, et une forme sociale qui se réfère à la vie des nations catholiques (2).

Cette dernière assertion est facile à prouver. Après que Notre Seigneur eut découvert à la bienheureuse Marguerite-Marie les richesses que son Cœur réservait aux âmes, il l'honora d'une dernière et importante communication. Cette communication, qui eut lieu en la fête du Sacré-Cœur de l'année 1689, clot le cycle des grandes révélations dont la vierge de Paray eut mission d'instruire le monde.

(1) V. le R. P. Daniel, S. I., *Hist. de la B. Marguerite-Marie*, c. 29.

(2) V. le R. P. Roux, S. I., *le Rôle social de la dévotion au Sacré-Cœur*, sermon prononcé à Bruxelles, en faveur de l'œuvre du Sanctuaire du Sacré-Cœur, le 20 avril 1876.

Dans une admirable vision, le Cœur de Jésus se montra à la bienheureuse comme le puissant protecteur de la France pour détourner la juste colère de Dieu, et pour y devenir une source abondante et inépuisable de miséricorde et de grâce. Il lui apprit qu'il désirait entrer avec pompe et magnificence dans la maison des princes et des rois, pour y être honoré autant qu'il a été outragé, méprisé et humilié en sa Passion, et pour recevoir autant de plaisir de voir les grands de la terre abaissés et humiliés devant lui, qu'il a senti d'amertume de se voir anéanti à leurs pieds. Notre Seigneur ordonna ensuite à sa fidèle servante de dire au fils aîné de son sacré Cœur, c'est-à-dire au roi de France, qu'il voulait voir son Cœur peint dans les étendards et gravé sur les armes de la nation, et qu'il fallait lui élever un édifice où serait l'image de ce sacré Cœur, pour y recevoir la consécration et les hommages du souverain et de sa cour ; et qu'à ce prix, devenu le puissant protecteur de la patrie, il rendrait le roi victorieux et le ferait triompher de tous les ennemis de la sainte Église. C'est à peu près en ces termes que la bienheureuse Marguerite-Marie annonce à sa patrie les désirs du divin Maître dans trois lettres admirables adressées à la Mère de Saumaise, l'une des âmes les plus zélées de l'ordre de la Visitation (1).

Établissons la nature, la signification et la portée de cette révélation. Des preuves nombreuses, qu'il est inutile de mettre en lumière après la béatification de Marguerite-Marie, nous permettent de ranger la visitandine de Paray-le-Monial parmi les vierges qui ont prophétisé, telles qu'il s'en est rencontré dans l'Église depuis le commencement (2). La révélation qu'elle a reçue et qu'elle nous a transmise par l'intermédiaire de la Mère de Saumaise, présentant d'ailleurs tous les caractères de la certitude, peut donc être considérée comme une révélation divine privée. On le sait, ces sortes de révélations ne font point partie du dépôt de la foi, et l'on ne doit point y croire par un acte de foi catholique ou divine. Néanmoins ceux à qui elles s'adressent, accomplissent un acte louable, parfois même

---

(1) Elles sont datées du 25 février, du 17 juin et du mois d'août 1689, et imprimées dans le tome II des Œuvres de la bienheureuse.

(2) Act., XXI. 9.

un devoir, en y prêtant une foi simplement
humaine, et en obéissant aux ordres qu'elles
renferment, lorsqu'elles leur sont présentées
avec des motifs suffisants de créance. Telle
est, à proprement parler, la révélation que
nous avons en vue : expression d'un désir du
cœur de Jésus-Christ, invitation adressée par
ce Cœur aimable au souverain de la France,
et même indirectement à la France entière.
Si le grand roi, instruit de cette voix d'en
haut, lui avait obéi, sans nul doute il eût préparé à la nation française des destinées plus
heureuses que celles qu'il lui était réservé de
subir.

Quelle est, en effet, la signification de cette
parole tombée des lèvres du Christ? Le Cœur
de Jésus veut devenir le protecteur puissant
de la France ; il veut que son image resplen-
disse sur les étendards et sur les armes de la
fille aînée de l'Église, afin que ces armes soient
victorieuses des ennemis de son nom ; il
demande enfin qu'on lui élève un sanctuaire,
signe matériel de la consécration de la patrie.
Par là le divin Maître donne à la dévotion
dont son Cœur est l'objet, outre sa forme morale qui se réfère à la vie des âmes, une forme

sociale qui se réfère à la vie de la nation française. Par là il fait présent au peuple qui lui
est cher d'un moyen nouveau, admirable,
surnaturel, pour se relever du naturalisme
qui est la grande plaie de l'époque moderne,
et pour se maintenir, ou mieux, pour rentrer
dans la vérité de son rôle providentiel, qui est
la défense de la cause de Dieu dans le monde.
Oui, le stricte devoir de toute société humaine,
et en particulier de la France, c'est de reconnaître la royauté du Christ et de l'Église, à
qui toutes les nations ont été données en héritage. Or, au moment où cette royauté sacrée
est déjà publiquement méconnue en vertu du
traité de Westphalie, au moment où l'apostasie sociale touche à sa consommation, au moment où le divorce va éclater entre l'Église et
l'État, entre l'ordre surnaturel et l'ordre tem-
porel, à ce moment-là Dieu présente à la
France, dans la dévotion au Sacré-Cœur, un
instrument de salut et de victoire. Par conséquent, distinguons entre le devoir et le moyen
nouveau, extraordinaire, surérogatoire de
l'accomplir avec fidélité, avec éclat. Le devoir
stricte, c'était pour la France de demeurer
chrétienne en tant que nation ; c'est encore

de se souvenir de son baptême, de revenir au
Christ, et de reprendre son rôle de protectrice
de l'Église. Le moyen, moyen que les enfants
de la France peuvent librement adopter, c'est
la dévotion au Sacré-Cœur, dévotion morale
pour les âmes, dévotion sociale pour le peuple.
Cette dévotion est apportée du ciel à la France,
elle lui est transmise par une vierge, en un
mode merveilleux. De tels secours d'en haut
apparaissent dans bien des pages de l'histoire des Francs, preuves d'une sollicitude
spéciale de la Providence. Si ce dernier secours, tout surnaturel encore, est accepté, il
semble, d'après les promesses du Christ, que
la fille aînée du Sacré-Cœur sera victorieuse
à la fois de ses propres ennemis et des ennemis de l'Église, qui au fond sont les mêmes;
en d'autres termes, il devient probable que la
nation française, se souvenant de la fontaine
baptismale de Reims, reprendra sa mission
historique et providentielle, c'est-à-dire le
protectorat catholique dans le monde entier.

Cependant, enivré par la prospérité, le roi
de France ne s'occupa guère de la vierge de
Paray, et si le message du divin Cœur lui parvint, comme on est tenté de le croire, il n'en

tint pas compte. Est-ce à dire que la parole du Christ sera vaine? Écoutez ce que Dieu dit dans l'Écriture : « Ainsi que la pluie et la neige, une fois descendues du ciel, n'y retournent plus, mais abreuvent la terre pour la rendre plus féconde ; ainsi ma parole, qui sort de ma bouche, ne retournera point à moi sans fruit ; mais elle fera tout ce que je veux, et elle produira l'effet pour laquelle je l'ai envoyée (1). » Telle la parole de Jésus. Méconnue par les grands, elle est recueillie par les humbles. Elle se transmet d'âme à âme, elle opère lentement mais sûrement ; et voici que, après deux siècles environ, l'écho en retentit avec une force étonnante, avec une opportunité admirable. Car depuis la proclamation des faux principes de 1789, l'état officiel des peuples modernes est un état de révolte sociale contre le Christ et contre l'Église. Le divin Roi des nations est méconnu par les pouvoirs publics, et chassé du milieu de la société. De même que, au temps de la Passion, les autorités de la terre humiliaient et condamnaient Jésus, de même aujourd'hui il

(1) Isa., LV, 10 et 11.

se trouve des gouvernements qui l'humilient
dans la personne de ses représentants, et qui
même le condamnent. Avec quelle sagesse la
Providence n'a-t-elle donc pas disposé que
l'invitation de Jésus serait entendue par les
âmes de notre époque, afin que, du milieu des
foules pieuses, s'élevât vers le Cœur offensé
du Christ, une protestation de fidélité et un
cri de réparation, en présence de l'apostasie
sociale et des crimes de lèse-majesté divine
qui souillent la terre! Voilà l'explication de
ces prières publiques, de ces pèlerinages en
corps à Paray-le-Monial, de ces consécrations
des villes et des pays au Cœur du Christ, de
l'édification de ces sanctuaires en son honneur, dont nous sommes à présent témoins.
C'est la réalisation commencée de la prophétie de Marguerite-Marie s'écriant : « Il rè-
gnera, cet aimable Cœur, malgré Satan et ses
suppots (1); » c'est le prélude de la restauration du règne social de Jésus-Christ; c'est
l'âme des peuples se prosternant aux pieds de
son roi, lui faisant amende honorable pour
sa défection, et contractant avec lui une nou-

_______________

(1) Lettre du 17 juin 1689, citée plus haut.

velle alliance dans le sang d'un Cœur immolé !

Autant ce résultat est grand, autant les voies providentielles qui ont conduit là, sont intéressantes à étudier. La Sœur Anne-Madeleine occupe, dans ces voies divines, une place des plus importantes. Afin de montrer tout ce qu'un peuple est en droit d'attendre de son Cœur, le Christ jette le regard sur une ville qui se consacrera à ce Cœur adorable, pour donner ainsi l'exemple à la France entière et même au reste du monde, et pour devenir en même temps un foyer de propagande de la dévotion nouvelle. La ville choisie, c'est Marseille, Marseille où aborda jadis celle qui avait beaucoup aimé Jésus (1), et qui s'était trouvée debout près de la Croix, lorsque le Cœur du Sauveur fut ouvert par la lance (2); Marseille encore où celui que Jésus aimait (3) établit son siége, où il répandit la doctrine de la divine charité (4). Et dans cette ville de

(1) Luc., VII, 47.
(2) Ioan., XIX, 25.
(3) Ioan., XI, 3, 5, 35.
(4) La tradition de Marseille relativement à l'épiscopat de saint Lazare est favorisée par le Martyrologe romain. Les Bollandistes (au 22 juillet), la favorisent aussi implicitement.

Madeleine et de Lazare, il se choisit deux instruments, un instrument apparent qui est
l'évêque, et un instrument caché qui est
l'humble visitandine dont nous écrivons la
vie. L'évêque exécutera les ordres du ciel, la
visitandine transmettra à l'évêque les inspirations d'en haut. Telle sera l'immortelle gloire
de la Sœur Anne-Madeleine de Rémusat.

Pour rattacher la mission de cette dernière
à celle de la Vierge de Paray, pour faire entendre qu'elle était destinée à remplacer cette
généreuse zélatrice des intérêts de son Cœur,
ce fut le 17 octobre 1713, ving-troisième anniversaire de la mort de Marguerite-Marie, que
le Christ lui révéla son choix. En ce jour-là,
comme elle l'atteste dans une de ses lettres, *il
lui fit connaître d'une manière particulière et extraordinaire ses desseins sur elle, touchant la gloire
de son Cœur adorable (1).* — Bien que la Sœur
ne s'explique pas davantage, comme cette
lettre adressée à son nouveau directeur, le
Père Girard, est datée du 14 octobre 1721,
c'est-à-dire d'une date postérieure à la consécration de la ville de Marseille au Sacré-Cœur,

---

(1) Lettre de la sœur Anne-Madeleine, citée dans sa
*Vie*, c. 6.

il nous paraît évident qu'elle fait ici allusion
à ce grand événement qui touche de plus près
que tous les autres à la gloire du divin Cœur,
et auquel cette sainte âme prit une part aussi
importante et aussi surnaturelle. Ainsi la
vierge bien-aimée de Jésus, la seconde Marguerite-Marie, connut plusieurs années à l'a-
vance, comme du reste Mgr de Belzunce l'affirme dans une de ses lettres (1), le magnifique
dessein du Sauveur concernant la ville de
Marseille, la première de toutes les villes qui
furent consacrées à son Cœur aimable. Peut-
être même a-t-elle plongé plus avant son
regard extatique, et a-t-elle entrevu et salué
de loin le dessein plus grandiose à l'accomplissement duquel celui-ci préparait les voies,
je veux dire l'acte de consécration des fidèles
de l'univers catholique tout entier, avec leur
glorieux Pontife Pie IX, au Cœur de l'Homme-
Dieu.

Tout est suave et admirable dans les voies
de Dieu. Pour que la sœur Anne-Madeleine
exerce utilement sa mission, il faut d'abord
qu'elle y soit elle-même préparée, il faut en-

(1) Lettre à la Mère de Gréard, dont il sera encore
question plus loin.

suite que ceux à qui elle devra transmettre
l'avis du ciel soient disposés à lui accorder
créance. La préparation intérieure de la pieuse
victime de Jésus s'est achevée dans les
épreuves que nous avons vues. Pour que ses
supérieurs, pour que l'évêque de Marseille
surtout reconnaissent en elle la messagère de
la parole du Sacré-Cœur, le Divin Maître fera
bientôt briller le zèle apostolique et les autres
vertus de sa servante, d'un éclat extraordinaire.

L'influence de la sœur Anne-Madeleine sur
ses compagnes, était devenue fort considérable
vers la fin de son noviciat, et dès lors la
pieuse visitandine paraissait investie d'une
véritable mission sur les âmes. Cette influence
croît toujours, cette mission se développe.
L'éclat de cette vertu aimable rayonne autour
d'elle ; elle attire à Dieu les cœurs par un
charme céleste.

Reconnaissant le mouvement de l'Esprit
divin dans l'âme de sa fille spirituelle, et voulant seconder le dessein de la Providence, la
Mère Nogaret ouvrit les parloirs du Monastère aux personnes pieuses qui désiraient s'entretenir avec la sœur Anne-Madeleine, et ap-

prendre à son école les amabilités du Cœur
de Jésus. Bien qu'elle eut préféré demeurer
au pied du tabernacle, enveloppée des ombres
du cloître, l'ardente zélatrice du Sacré-Cœur,
écoutant la voix de l'obéissance qui l'appelait
à travailler dans le jardin de son Époux (1), se
mit vaillamment à l'œuvre. Elle inspira à tous
ceux qui l'écoutaient, la pensée de s'adonner
à la dévotion nouvelle, qu'elle communiqua à
un nombre prodigieux d'âmes. Cette dévotion
avait été importée et établie dans le premier monastère de la Visitation, dès l'année
1695, c'est-à-dire cinq ans après la mort de
la bienheureuse Marguerite-Marie, sous la supériorité de la Mère Louise-Dorothée de Capel, zélatrice infatiguable du Sacré-Cœur. En
cette année-là, on avait inauguré le culte
nouveau au jour désigné par le divin Maître
.pour cette fête, c'est-à-dire le vendredi après
l'octave du Saint-Sacrement, et une messe
célébrée par M. de Foresta, prévôt de la cathédrale, avait été offerte à cette fin. Depuis ce
moment, la dévotion du Sacré-Cœur n'avait
fait que s'accroître dans le monastère, sous le

---

(1) V. Cant., v, 1.

gouvernement des supérieures qui succédèrent à la Mère de Capel, et en particulier des Mères Gravier et Nogaret, mais il était réservé au zèle de la sœur Anne-Madeleine de lui donner son lustre et même une forme plus précise, et en outre de la répandre au dehors.

Dans ce but elle exerça son influence non seulement par ses discours, mais encore par sa correspondance, qui devint fort étendue. Une partie de ses lettres, recueillies par les anciennes Mères de la Visitation, est perdue à jamais pour nous ; espérons qu'un jour il s'en retrouvera d'autres tracées de sa main. En attendant, nous ne pouvons nous en faire une idée que par l'appréciation que nous a laissée monseigneur de Belzunce. D'après ce juge compétent, Anne-Madeleine écrivait bien, d'une manière aisée et pleine d'onction ; elle exprimait d'une façon intelligible les pensées les plus relevées, et l'Esprit de Dieu paraissait dans tout ce qu'elle écrivait. Au moyen de cette vaste correspondance, elle fut en rapport intime avec un nombre considérable d'âmes éminentes de l'Ordre de la Visitation et d'ailleurs. Toutes ces belles âmes se communiquaient avec bonheur le zèle ardent qui les consumait pour la gloire du Sacré-Cœur, ainsi que leurs nobles efforts pour propager son culte (1).

C'était monseignenr de Belzunce surtout, qui professait de la vénération pour sa fille bien-aimée selon l'esprit. Il nous a laissé d'elle un portrait que nous nous efforçons de reproduire dans ces pages aussi fidèlement que possible. L'estime qu'il lui portait éclata surtout dans une circonstance délicate que nous allons exposer. On y verra une fois de plus que Notre Seigneur se servait de l'intermédiaire de sa fidèle servante, surtout en faveur des âmes consacrées à son service. Ici nous sommes en présence d'un illustre pontife, et l'humble visitandine va lui transmettre de la part du prince des pasteurs un message de paix, qui contribuera à accroître sa perfection et à le rendre digne de consacrer un jour son diocèse au Cœur de son Dieu.

Malgré sa foi vive et sa profonde piété, le grand évêque de Marseille ne célébrait pas tous les jours la messe à cette époque, on ne sait pour quelle raison. La sœur Anne-Made-

_______

(1) Lettre de Mgr de Belsunce à la Mère de Gréard ; *Vie*, etc., c. 6.

leine l'ignorait absolument, mais Notre Seigneur le lui révéla, et lui enjoignit de dire au pieux évêque que son Cœur en était contristé. Il est facile de s'imaginer ce qu'il dut en coûter à la pauvre sœur d'exécuter un tel ordre, mais sa volonté était en Dieu, et habituée à ne point regarder à sa peine ni à sa consolation, elle résolut aussitôt d'obéir.

Quelques jours après, monseigneur de Belzunce la demande au parloir. Elle y paraît, et aussitôt se prosternant à ses pieds, elle lui transmet humblement les paroles de Notre Seigneur. Le vénérable prélat l'écoute, étonnée; puis, voulant ajouter l'épreuve à l'immolation, et embellir encore le sacrifice de cette belle âme, il raffermit son visage, et feint d'être surpris de ce qu'elle ose faire à son évêque une leçon inspirée probablement par son imagination. La sœur l'écoute en silence, s'abaisse, s'humilie, s'anéantit aux pieds de son père. Le prélat se retire résolu à obtempérer à l'avis du Ciel. Le lendemain il monte à l'autel, et les jours suivant encore. Notre Seigneur ne tarde pas à en informer sa fidèle épouse, et la charge d'annoncer à l'évêque que son Cœur en est soulagé et consolé. L'angélique religieuse reçoit ce nouvel ordre, sans avoir égard à ce qui peut en résulter pour elle de pénible et d'humiliant. Bientôt elle est honorée d'une nouvelle visite du pieux évêque, et s'acquittant de son message, elle lui fait part de la consolation du divin Cœur. Cette nouvelle cause à cette belle âme de pontife une joie pure (1), et la prédispose à recevoir par le même canal, une communication bien autrement importante.

Cependant, un nouveau moyen d'exercer son zèle apostolique attend la sœur Anne-Madeleine. La Mère Nogaret avait eu depuis longtemps la pensée de lui confier la direction du pensionnat, mais l'état de santé de la pauvre sœur l'en avait détournée, autant que le peu d'harmonie de cet emploi avec ses attraits intérieurs. Enfin plusieurs personnes distinguées de la ville, désirant vivement que l'éducation de leurs filles fût placée sous la direction de la sœur, firent de grandes instances à la digne supérieure et triomphèrent de ses hésitations. Anne-Madeleine fut donc investie de cette charge. Elle l'accepta par

_______

(1) *Vie*, etc., c. 7.

obéissance, s'y dévoua sans réserve, et cacha aux regards de tous, l'immense répugnance naturelle qu'elle sentait pour ses nouvelles fonctions.

Son entrée au pensionnat fut saluée par les jeunes élèves avec une joie inexprimable. Bientôt la vivacité d'esprit de leur jeune maîtresse, l'amabilité de son caractère, le charme de ses paroles les eurent ravies. Ames candides et virginales, elles se tournèrent toutes vers elle, comme de tendre fleurs se tournent vers la lumière. Elles épanchèrent dans son cœur maternel leurs joies et leurs peines, leurs épreuves intérieures et les douces impressions de la grâce. Elle avait à un haut degré le discernement des esprits, elle lisait à livre ouvert dans les cœurs. Aussi les éclairait-elle dans leurs doutes, leur montrant la voie à suivre, les préparant à discerner leur vocation, et les aidant à triompher des tentations et des obstacles de tous genres, et à répondre avec courage aux appels de la grâce.

Pour consolider son œuvre, on la vit donner chaque matin à ses élèves une méditation pleine de vie et d'onction, bien qu'à la portée

de ces jeunes intelligences, et, une fois par
an, une retraite sérieuse pendant laquelle ses
instructions solides et ses pieuses instructions
renouvelaient la ferveur. Elle ne manquait
pas non plus de préparer ses filles à la réception des sacrements et à la célébration des
fêtes de l'Église, en leur demandant compte
de leurs pratiques pieuses et de leurs progrès
dans la vertu. Étaient-elles découragées, elle
les relevait ; se relâchaient-elles de leur zèle
pour l'étude, elle les stimulait ; tombaient-
elles malades, elle veillait à leur chevet avec
le dévouement d'une mère. Il ne faut donc
pas s'étonner si, après quelques mois de ce
gouvernement, la soumission, le silence, la
modestie, le recueillement, ainsi qu'une heureuse ardeur pour l'étude, régnèrent dans le
pensionnat, et que l'habile maîtresse parut
avoir répondu à l'attente générale (1),

A partir de ce moment son renom de sainteté et son influence grandirent encore. Une
foule de personnes considérables désirèrent
la voir et, dans son commerce, s'enflammer
d'amour envers le Cœur dont elle savait par-

_______________

(1) *Vie*, etc., c. 8.

er en apôtre. Ce fut un mouvement étonnant,
un véritable entraînement ménagé par la
Providence. Elle cependant, si jeune encore,
ne s'attribuait aucun mérite, et ne découvrait
rien en elle qui pût motiver tant d'empressement. Au contraire, elle n'envisageait que
que Dieu seul et, dans l'ardeur de son zèle,
elle ne négligeait aucune occasion de conquérir des adorateurs au Cœur de Jésus. Inspirée
par le divin Maître, elle couçut le projet de lui
former comme une milice sainte qui entoure-
rait son tabernacle et lui formerait un rem-
part contre les traits de ses ennemis en lui
offrant un hommage d'amour, de louanges et
de réparations. Mgr de Belsunce approuva
pleinement le projet, et lui permit de compo-
ser le règlement de la pieuse association. La
Mère Nogaret seconda le dessein. On s'adressa
à Rome, et le pape Clément XI donna une
bulle datée du 30 août 1717, portant conces-
sions de larges indulgences. Enfin, un petit
livre contenant le règlement de la nouvelle
confrérie et une notice sur l'origine de la dévotion au Sacré-Cœur et sur les motifs et les
pratiques de cette dévotion, fut imprimée par
les soins de la Sœur Rémusat, avec l'approba-

tion de Mgr l'Évêque, datée du 30 août
1718 (1).

Dès que l'érection de cette confrérie fut
annoncée, on oublia l'opposition qui s'était
manifestée tout d'abord, et l'on accourut en
foule pour s'enrôler sous la bannière du Sacré-Cœur. L'empressement fut tel qu'il fallut
adjoindre à la pieuse promotrice de l'œuvre,
d'autres Sœurs chargées de recueillir, dans les
parloirs du monastère, les noms des personnes qui désiraient s'inscrire. Du reste, les
pieux associés commencèrent dès lors à fré-
quenter, avec une grande assiduité, les réunions qui se tenaient à la chapelle des Grandes
Maries. Tous les vendredis, depuis cinq
heures du matin jusqu'à six heures du soir,
on les y voyait se relever successivement
pour entourer d'adorations et d'hommages le
Cœur du divin Roi. Leur principale occupation fut de répandre autour d'eux la connaissance et l'amour du Sacré-Cœur, et ils
édifièrent la ville entière par leur zèle et
par leur piété. Ils élevèrent ainsi à Marseille

_______________

(1) *Vie*, etc., c. 6. Nous n'avons pu découvrir aucun
exemplaire de ce livre. Il n'en existe point à la Visitation
de Marseille.

la plus forte barrière qu'y rencontra le jansénisme. Enfin, leur nombre s'accrut, en
peu d'années, jusqu'à près de trente mille,
et l'on put se croire arrivé au moment que
la divine Providence avait marqué pour ouvrir aux fidèles les richesses que le Cœur de
Jésus renferme (1).

Tandis que la Sœur Anne-Madeleine éprouvait une immense consolation à la vûe du
plein succès de son œuvre, elle sentait son
zèle croître en proportion. Marseille, désormais, ne lui suffisait plus. Elle enrôla dans
sa confrérie la population des villes et des
villages voisins. Son influence s'exerça ensuite
au loin. Plusieurs indices nous font supposer
que la pieuse amante du Sacré-Cœur fut en
relation avec la Mère Marie-Agnès de Gréard,
supérieure du premier monastère de la Visitation de Rouen (2). Ces deux âmes étaient
dignes de se comprendre et de se donner la
main. Un jour le divin Maître apparut à la
Mère de Gréard et lui montra son Cœur. Ce

---

(1) Circulaire du premier monastère de la Visitation de
Marseille, du 4 juillet 1728.
(2) *Vie*, etc., c. 6. On y donne même la chose comme
certaine, mais sans preuves formelles.

Cœur s'ouvrit devant elle : aussitôt elle y entra et il lui fut donné d'y pénétrer profondément. Au sortir de cette extase, elle demeura tout enflammée et devint une des plus grandes zélatrices du Sacré-Cœur en France (1). Telle fut probablement l'amie, certainement l'admiratrice de la Sœur Anne-Madeleine. Après la mort de cette dernière, lorsqu'elle vit les jansénistes s'attaquer à sa mémoire, elle écrivit à Mgr de Belzunce, et provoqua ainsi la réponse admirable où ce saint prélat, en exaltant la vierge de Marseille, lui rend le plus bel hommage qu'elle pouvait recevoir (2).

Mais revenons à la Sœur Rémusat. Grâce à son énergie, à son influence, à ses relations, elle fit porter la dévotion nouvelle par delà

(1) Abrégé des vertus de la Mère de Gréard, décédée à Rouen en 1741; Circulaires du premier monastère de la Visitation de Rouen, des 25 novembre 1726, 9 février 1730, 3 février 1731, 25 juin 1733 et 14 avril 1735. Ces documents, précieux pour l'histoire de la dévotion au Sacré-Cœur, nous ont été communiqués par la Visitation de Rouen, à laquelle nous offrons ici notre vraie reconnaissance.

(2) Nous ne connaissons pas le texte de la lettre de la Mère de Gréard. La minute ne s'en retrouve ni au monastère de Rouen, ni au monastère de Marseille.

les mers. Par ses soins, une confrérie du Sacré-Cœur s'établit au Caire et y devint florissante. Elle atteignit jusqu'à la capitale de l'islamisme et, quelques années plus tard, Constantinople fut dotée d'une confrérie semblable. En résumé, lorsque sa mort arriva, elle avait inculqué la dévotion au Sacré-Cœur, directement ou indirectement, à soixante mille âmes.

Son activité était prodigieuse. Elle répandait ou faisait répandre partout des écrits en l'honneur du Sacré-Cœur, et elle visitait par ses lettres les lieux où elle ne pouvait exercer par sa présence son fécond apostolat. Nous citons deux passages de sa correspondance qui mettent admirablement en lumière l'esprit propre de la nouvelle dévotion. Les voici :

« Je crois, écrivait-elle à un homme apostholique en lui envoyant son cher petit livre, que ce livre servira à vous faire connaître, mon révérend père, le désir qu'a le Cœur adorable de Jésus de se faire un nombre d'amis sur lesquels Il puisse compter et qui, par leur amour et leur fidélité, le dédommagent, en quelque sorte, des injures qu'il reçoit de la plus grande partie des cœurs qui devraient lui être dévoués. Je frémis en me les représentant et je n'en pourrais soutenir la vue, si notre bon Maître ne me faisait espérer que, par le moyen de cette confrérie, qu'Il a daigné lui-même m'inspirer, Il se fera des adorateurs fidèles qui le serviront en esprit et en vérité. Hélas ! mon père, que le nombre en est petit !... Je vois une infinité de personnes qui paraissent être à Dieu et dont la plupart se relâchent elles-mêmes dans les services qu'elles lui rendent, ce qui oblige Dieu à se ménager avec elles. Il me semble, mon révérend père, ainsi que j'ose le dire souvent, que Dieu, tout puissant qu'Il est, n'aurait pas le pouvoir, pour ainsi dire, de se refuser à une âme qui se donnerait à Lui sans se rien réserver d'elle-même. »

Elle écrivait à une religieuse qui lui demandait quelques avis pour son âme au nom du Cœur de Jésus : « Vous serez toujours bien reçue, ma chère Sœur, lorsque vous vous présenterez sous les auspices du Cœur de Jésus. Hors de là, il me faudrait revenir à ma première résolution de ne plus écrire. Vous recevrez, ma toute bonne Sœur, avec le billet

qui contient notre engagement, le livre qui
vous instruira des obligations des associés.
La première est de donner tout leur cœur à
celui de Notre-Seigneur Jésus-Christ pour en
faire des victimes qui puissent réparer, par
leurs adorations et leurs hommages, les indi-
gnités qu'Il reçoit dans l'adorable Eucharistie. La principale vue que j'ai eue en demandant l'établissement de cette association
a été de procurer au Cœur sacré de notre bon
Maître un nombre d'âmes qui puissent le dé-
dommager surtout de l'ingratitude qu'Il
trouve dans la plupart des cœurs qui lui sont
consacrés, aux injures desquels Il est plus
sensible. C'est donc aux associés qu'Il me
semble dire comme aux apôtres : Voulez-
vous aussi m'abandonner ? ou avec Job : Vous
qui êtes mes amis, ayez pitié de moi ! Il se
plaint, par son Prophète, que personne ne
vient le consoler dans la douleur que lui
causent ceux qui l'abandonnent, et que personne ne se présente pour s'affliger avec lui.
Mais Il en trouvera désormais qui entendront
ses plaintes et qui partageront son affliction.
Je voudrais, ma bien chère Sœur, qu'il me fut
permis d'expliquer mes sentiments sur les

avantages que je vois renfermés dans cette association. J'en veux à mes expressions de ce qu'elles ne me servent pas selon l'étendue de mes désirs sur un sujet qui est le plus tendre objet de mes complaisances. Si j'ai jamais désiré que ma plume suivît les sentiments de mon cœur, c'est bien dans cette occasion. »

Ces lignes nous apprennent, entre plusieurs autres choses, la délicate préoccupation de la victime de Jésus, au sujet des offenses que font à ce Cœur transpercé certaines âmes consacrées à Dieu par le sacerdoce ou par les vœux ; en voici d'autres qui peignent la grandeur de ses aspirations :

« Vos lettres, écrivait-elle à une personne de confiance, me sont un vrai sujet de consolation, surtout quand elles m'apprennent que le nombre des adorateurs du Sacré-Cœur augmente. Je vous l'avoue, l'unique désir qui me reste est de voir honorer ce divin Cœur selon toute l'étendue des vues qu'il me donne ; ces vues ne demanderaient rien moins qu'une fête dans toute l'Église, aussi solennelle, à l'honneur du Sacré-Cœur, que celle qu'on célèbre pour honorer le Corps sacré de Jésus-

Christ. Après cela, ne trouvant plus rien sur la terre qui m'y retienne, je dirai bien volontiers, avec saint Simon, : « Vous pouvez maintenant, Seigneur, laisser aller mon âme en paix, puisqu'elle a vu l'accomplissement de vos promesses. »

« Quand sera-ce, disait-elle encore un peu plus tard, que ce divin Cœur recevra de toute l'Église le culte qu'il en attend ? Continuez vos prières pour demander à Notre-Seigneur l'étendue du règne de son Sacré-Cœur par toute la terre. Je serais ravie de pouvoir y contribuer par ma propre destruction, et ce serait de tout mon cœur que je dirais : Qu'il règne et que je meurs ! Le retardement de ce règne fait sur moi des impressions que je ne puis exprimer, mais qui tendent toutes à la mort et à la destruction de mon être (1). »

A tous les dons que le Sacré-Cœur de Jésus avait départis à la Sœur Anne-Madeleine, il en ajouta un autre, utile encore à la mission qu'elle avait à remplir. Mgr de Belzunce nous apprend dans sa lettre à la Visitation, qu'elle

_________

(1) Ces lettres sont imprimées dans la *Vie*, c. 8.

eut parfois une connaissance claire et distincte
des choses futures, et il fait allusion à des faveurs singulières et à des lumières surnaturelles qui tiennent du prodige (1). Nous pouvons citer plusieurs faits qui servent de
confirmation à ce précieux témoignage. Une
fois, par exemple, c'est une religieuse du
monastère, à laquelle Anne-Madeleine révèle
tout son intérieur et les grâces que Dieu lui
réserve. Une autre fois, c'est M. Rémusat qui,
plein d'inquiétude au sujet de son fils placé
dans le Levant à la tête d'une de ses maisons
de commerce et dont il n'a point de nouvelles,
est venu chercher des consolations auprès de
sa fille. Celle-ci le rassure, en lui annonçant
pour le jour même l'arrivée d'une lettre de
son fils, et l'événement confirme la vérité de
la prédiction. Enfin, nous citerons ce missionnaire apostolique de la Géorgie qui vint re-
commander à ses prières le troupeau lointain
qu'il évangélisait. Un prince idolâtre, ennemi
juré de la religion, menaçait cette chrétienté
des plus grands maux. Anne-Madeleine se
jeta aux pieds du tabernacle, implorant la

_______________

(1) Lettre déjà citée.

conversion de ce prince et s'offrant en victime
pour porter en son âme et en son corps le poids
de l'expiation nécessaire. Mais la mesure des
crimes du prince était comble, et l'heure de
sa fin tragique approchait. Seulement, pour
consoler sa fidèle épouse, Notre-Seigneur lui
annonça l'avénement d'un successeur plus
équitable et la protection que ce dernier ac-
corderait aux chrétiens. Cette nouvelle fut
communiquée au missionnaire, qui retourna
dans sa mission, et écrivit quelques mois
après que la prophétie s'était vérifiée à la
lettre (1).

Terminons ici notre étude sur les vertus et
sur l'influence de la Sœur Anne-Madeleine, et
prêtons notre attention au grand événement
que Dieu a préparé, et qui sera l'un des plus
considérable de l'histoire du culte du Sacré-
Cœur.

(1) *Vie*, etc., c. 8.

# CHAPITRE VI



## LA PESTE DE MARSEILLE

> *Et abiit primus, et effudit phia-*
> *lam suam in terram ; et factum est*
> *vulnus saevum et pessimum…..*
> Le premier ange partit, et ré-
> pandit sa coupe sur la terre; et il
> y eut une plaie maligne et dan-
> gereuse.
> Apoc., xvi, 2.

Ainsi que nous l'avons dit, la dévotion au Cœur de Jésus affecte non-seulement une forme morale, mais encore une forme sociale. En se consacrant librement à ce Cœur adorarable, les villes et les peuples affirment la souveraineté de Jésus-Christ, et acquièrent un moyen efficace d'attirer sur eux la protection divine, et de récupérer ainsi la plénitude de la vie sociale chrétienne, abaissée dans ces

derniers temps par la séparation complète
et radicale de l'Église et de l'État. C'est là
un admirable dessein de Dieu, et pour imiter
le langage de saint Denis l'Aéropagite, une
de ses très-bonnes et très-douces providen-
ces (1).

Marseille, la cité de Lazare, donnera l'exemple à toutes les villes du monde ; elle sera la
première à se consacrer au Cœur de Jésus-
Christ. Voici que tout est prêt : Dieu a achevé
de former les deux instruments principaux de
son action, Anne-Madeleine dans les ombres
du cloître, Belzunce dans la splendeur du trône
épiscopal. Il tient encore en réserve, dans les
trésors de sa justice et aussi de son amour,
un fléau redoutable, qui ouvrira les yeux, qui
réduira les volontés, et qui jettera les cœurs
aux pieds du divin Roi.

Enivrée par sa prospérité, Marseille se cor-
rompait. Les offenses à la Divinité s'y multi-
pliaient dans une proportion effrayante, et les
mœurs dissolues y faisaient de terribles ravages. Les grands, les riches, les hommes in-
fluents y donnaient des exemples funestes,
imités comme toujours par les classes infé-

(1) De Div. nom., c. iii, 1.

rieures. L'amour du plaisir, le luxe et la soif du gain occupaient seuls la masse des habitants de la ville. Enfin le jansénisme, cette hérésie perfide, s'infiltrait secrètement dans le clergé et parmi les ordres religieux, faisant au Cœur de Notre-Seigneur une plaie plus douloureuse encore (1).

La Sœur Anne-Madeleine Rémusat fut choisie pour annoncer à ses concitoyens que la mesure de leurs crimes était pleine, et que la justice divine allait s'appesantir sur eux, s'ils ne se repentaient de leurs égarements. Un prodige accompagna cette révélation. C'était aux premiers jours du carême de l'année 1718; le Saint-Sacrement était exposé, selon la coutume, dans l'église des Cordeliers. Tout à coup la sainte hostie parut resplendissante et jeta des éclairs qui répandirent l'effroi dans l'âme des fidèles, impuissants à soutenir l'éclat de cette lumière miraculeuse (2). A la même

(1) *Vie*, etc., c. 9. V. le Mandement de Mgr de Belzunce, ordonnant des prières publiques et un jeûne général pour apaiser la colère du ciel, du 30 juillet 1720, dans les Œuvres de Mgr de Belzunce, publiées par l'abbé Jauffret, t. I.

(2) Circulaire du premier monastère de la Visitation de Marseille, du 15 février 1720; Vie, etc., loc.' cit.

heure, Notre-Seigneur apparut à sa fidèle servante, lui apprit ce qui se passait dans l'église des Cordeliers, et ajouta que ce prodige était le dernier effort de son amour à l'égard d'un peuple dont les désordres irritaient depuis longtemps sa justice, et qu'il était prêt à donner un exemple à l'univers entier, en frappant cette ville du plus terrible fléau, si elle ne se hâtait de quitter ses voies corrompues. Anne-Madeleine conjura le divin Maître de décharger sur elle le poids de sa juste colère, et d'épargner les coupables; mais il ne répondit point à ses supplications, lui ordonnant au contraire de tout révéler à Mgr de Belzunce, afin que celui-ci en avertît à son tour les magistrats et plusieurs autres personnes, dont la licence et les désordres étaient en grande partie la cause des maux qui menaçaient la ville.

Sur ces entrefaites, le directeur de l'humble religieuse, le père Milley, entrait au parloir du monastère, comme envoyé par le ciel même pour recueillir sur les lèvres de sa fille spirituelle la divine parole. Il y prêta d'autant plus de foi, qu'une sainte carmélite, rangée aussi sous sa direction, lui avait fait, quelques instants auparavant, une communication toute semblable. Il se rendit donc sans retard auprès de l'évêque, et lui transmit fidèlement le message d'en haut (1).

Ce fait important est établi de la manière la plus solide. Dans un document authentique que nous avons déjà eu plus d'une fois l'occasion de citer, dans une lettre adressée plus tard à la Visitation et communiquée aux fidèles de son diocèse, Mgr de Belzunce affirme solennellement que plusieurs années avant que la peste ne sévît, la Sœur Anne-Madeleine Rémusat avait connu dans une lumière céleste le fléau qui menaçait Marseille et qu'elle le lui avait annoncé de la part du divin Maître par l'entremise de son confesseur (2).

Jusqu'ici l'évêque de Marseille n'a apparu dans cette histoire qu'en qualité de père spirituel de la Sœur Anne-Madeleine ; nous allons le considérer maintenant sous un autre aspect. Mgr Henry-François-Xavier de Belzunce de

_________

(1) *Vie*, etc., loc. cit.

(2) Lettre de Mgr de Belzunce à la sœur Marie-Agnès de Gréard, du 10 mai 1732, communiquée aux fidèles du diocèse de Marseille. V. aussi la Circulaire du premier monastère de la Visitation de Marseille, du 15 février 1730.

Castelmoron, élevé sur le siége de Marseille en l'année 1709, fut l'un des plus saints et des plus illustres prélats dont s'honore le clergé de France. On peut dire de sa mémoire sacrée ce que l'Écriture affirme de celle du vertueux roi Josias : elle demeure toujours, pour les habitants de la cité qu'il gouverna, comme un parfum d'une odeur admirable, comme un miel délicieux, et comme un concert de musique dans un festin de vin (1). Durant un épiscopat de plus de quarante-cinq ans, tous ses moments furent sanctifiés par le zèle le plus ardent, le plus vif et le plus infatigable. On a vu cet évêque humble et doux gouverner son troupeau avec l'amour d'un bon pasteur, rassemblant des synodes, perfectionnant son clergé par des retraites, et évangélisant les villes, les bourgs, les villages, les monastères et jusque les galères (2). Enfin, lorsque le fléau se fut déchaîné sur sa ville bien-aimée, on l'a vu, inspiré par le Cœur du Christ qui était le modèle du sien, accomplir ces actions mémorables qui l'ont rangé parmi les héros

_____

(1) Eccli., XLIX, 1, 2.
(2) V. l'abbé Jauffret, Notice sur Mgr de Belzunce, en tête des Œuvres choisies de ce prélat.

de la religion, et que nous allons essayer de
redire.

A peine le saint évêque eut-il reçu le message de l'humble visitandine, que fidèle à
l'avis du ciel, il accomplit sa mission auprès
des coupables. Il n'épargna rien pour leur ouvrir les yeux, et pour ramener le reste de son
troupeau des voies de la corruption, en le menaçant de la vengeance de Dieu. Mais ce fut en
vain, et le peuple de Marseille, sourd à la voix
de son père, ne fit point pénitence de ses égarements (1).

N'imitons pas ici les historiens dont le regard n'atteint pas plus haut que le monde visible, mais élevons notre pensée jusqu'à la
cause première qui dispose toutes choses. Devant le trône du Dieu souverain est dressé un
autel sur lequel l'Agneau immolé offre sans
cesse le sang qu'il a répandu (2), et où l'ange
du sacrifice dépose les dons et les soupirs des
âmes saintes (3). De l'autel monte vers le trône
la prière et la réparation, qui apaisent la justice infinie, irritée par les crimes des hom-

_______________

(1) *Vie*, etc., loc. cit.
(2) Apoc., v, 6 ; viii, 3, etc.
(3) Missal. rom.; canon miss.

mes ; et dans la mesure où les crimes s'accumulent et où la réparation monte, éclatent les jugements divins mêlés de justice et de miséricorde, et excitant les transports des habitants du ciel (1).·

L'humble visitandine entrevit ce spectacle auguste, que le voyant de Patmos avait contemplé jadis. Elle comprit que la justice prévaudrait d'abord et que la miséricorde triompherait ensuite, et elle a rendu elle-même témoignage que, à cette vue, la douleur et la joie se disputèrent son âme (2). Cependant l'ange du Seigneur renversait la coupe de la colère divine sur la ville coupable, comme autrefois sur l'empire romain prévaricateur (3), et la frappait d'une plaie maligne et dangereuse (4).

Le poëte a chanté :

> Sous l'azur d'un beau ciel, d'olive couronnée,
> Marseille s'élevait puissante et fortunée ;
> Le commerce, autour d'elle étendant ses liens,
> Couvrait de ses trésors les flots Tyrrhéniens ;
> L'œil fixé sur les mers, il espérait encore
> Ces vaisseaux arrivant des portes de l'aurore ;

(1) Apoc., xv, 3, 4 ; xviii, 20.
(2) *Vie*, etc., loc. cit.
(3) Apoc., xvi, 2.
(4) Ibid.

> Ils approchent... Craignez leurs présents désastreux :
> Et la peste et la mort voyagent avec eux (1).

Ces vaisseaux furent les instruments de la Providence. Le plus célèbre d'entre tous est le *Grand Saint-Antoine*, bâtiment marseillais commandé par le capitaine Chataud. Parti de Seyde, il aborda au port de Marseille le 25 mai 1720, et aussitôt les germes de la contagion se répandirent dans la ville. Ces germes ne furent point étouffés avec l'énergie et la célérité qu'il eût fallu. De grands intérêts mercantiles étaient en jeu : on voulait sauver la riche cargaison du navire. Cette mollesse à combattre le fléau permit à celui-ci de s'étendre, et dès la mi-juillet les plus vives alarmes régnaient dans la cité.

Mgr de Belzunce s'empressa d'ordonner des prières publiques et un jeûne général, et il exhorta son troupeau à avoir recours à une sincère et prompte pénitence, et à une entière soumission aux décisions de l'Église, afin d'apaiser le ciel irrité et d'éloigner ainsi la terrible calamité qui déjà portait dans tous les cœurs l'horreur et l'effroi (2).

(1) Millevoye, Belzunce, ou la peste de Marseille.
(2) V. l'ordonnance du 15 juillet et le mandement du 30 du même mois, dans les Œuvres choisies.

Mais tout fut vain, et la contagion envahit la ville entière. Faut-il retracer ici l'épouvantable tableau que les historiens nous en ont laissé? Les églises sont désertes, les boutiques fermées, les travaux suspendus, le commerce interdit et les vaisseaux éloignés du quai, le cours de la justice arrêté et les crimes sans répression. Des cris lamentables retentissent, et sous une face hideuse, la mort se montre partout. Les liens de famille paraissent rompus; l'égoïsme et la terreur s'emparent des âmes. Bien des malades, dénués de tout secours, sont abandonnés à leur triste sort; d'autres sont chassés de leurs demeures ou jetés par les fenêtres. Les cadavres s'élèvent en couches hideuses sur la voie publique, et des troupes de galériens, qui exposent leur vie pour acheter leur pardon et leur liberté, ne peuvent suffire à les enlever. Enfin la famine se ligue avec la peste pour affliger cette cité malheureuse (1).

Saint Denis d'Alexandrie, en décrivant la peste qui sévit de son temps, et qui sans doute

(1) V. A. Fabre, Hist. de Marseille, liv. VI; Lemontey, Hist. de la Régence; A. Laforet, La peste de 1720, publ. dans la *Revue de Marseille*, 1863, etc.

fut celle-là même que saint Jean avait prédite dans l'Apocalypse, en fait ressortir le caractère providentiel. « Cette grande peste, écrit-il, vint tout à coup, et fut pour les ennemis de Dieu le plus extrême et le plus terrible de tous les maux; mais quant à nous, nous la regardâmes plutôt comme un remède ou comme une épreuve, encore que nous n'en fûmes pas entièrement exempts » (1). On peut assigner à la peste de Marseille le même caractère. Elle frappa impitoyablement tous ceux qui, par leurs désordres, avaient attiré la colère divine; malgré toutes les précautions qu'ils prirent, aucun n'échappa, et la prophétie de la Sœur Anne-Madeleine se réalisa à la lettre (2). Elle frappe encore, moins dans leur personne que dans leur honneur, certains ministres de l'Église qui, par leur tiédeur, par leur vie peu austère, ou par leur mollesse à repousser le Jansénisme, s'étaient rendus indignes du martyre de la charité : moines de l'abbaye de Saint-Victor, qui s'éloignèrent avec leur abbé, ou qui se retranchèrent derrière leurs épaisses

(1) Ep. ad Alexandrin.
(2) *Vie*, etc., loc. cit.

murailles; prêtres et religieux qui s'enfuirent
à la campagne et que leur évêque dut rappeler
au milieu des mourants, sous peine de déso-
béissance et d'interdit (1).

Mais les bons, au contraire, et les grands
cœurs trouvèrent dans le fléau une occasion
d'exercer leur vertu (2). C'est ici qu'il faut célébrer vos noms, ô héros de la charité chrétienne, commandant de Langeron, viguier de
Pilles, échevins Estelle, Moustier, Audimar et
Dieudé, qui, lorsque tant d'autres abdiquaient
lâchement des fonctions devenues périlleuses,
avez porté seuls en ces jours néfastes le poids
de l'autorité, sauvant votre patrie par votre
religion, par votre sagesse, par votre dévouement! Autour de vous se pressent et le chevalier Roze, fameux par ses exploits charitables,
et les représentauts de la science, envoyés ou
par la cour du Régent, ou par la faculté de
Montpellier, et tant d'autres qui vous secondent vaillamment. Mais au-dessus de vous
tous apparaît le grand évêque de Marseille,

(1) V. l'Ordonnance du 2 septembre 1720, Œuvres choisies, t. I. Cfr. les auteurs cités plus haut.
(2) Le premier monastère de la Visitation, par exemple,
fut providentiellement préservé. V. la Circulaire au sujet
de la peste, du 1er mai 1721.

avec son héroïque phalange de prêtres et de religieux.

A la tête de ces ministres fidèles, il se précipite au milieu des plus grands dangers, il vole au secours des plus malheureux. Son zèle le multiplie en quelque sorte ; on le voit parcourir les rues à travers des tas de cadavres et de meubles infectés ; il entre dans les maisons où la puanteur est extrême ; il y réconcilie les pécheurs couchés avec les morts sur le même lit, les console, les encourage, les exhorte à mourir en chrétiens. En même temps, il répand entre les mains des pauvres tourmentés par la famine, tout ce qu'il possède d'argent. Un jour pour encourager ceux qui enlèvent les cadavres, il monte sur un tombereau et le conduit lui-même à sa destination (1).

Les prêtres séculiers et les religieux des divers ordres, dix-huit jésuites entre autres, qui le secondent, tombent à ses côtés (2) : il n'en poursuit pas moins sa glorieuse mission, *fai-*

_______________

(1) V. l'abbé Jauffret, Précis historique de la peste de Marseille, en tête des Œuvres choisies de M. de Belzunce, ainsi que les ouvrages cités plus haut, et le P. Lanfant, Oraison funèbre de Mgr de Belzunce.

(2) V. les ouvrages cités plus haut, et Crétineau-Joly, Hist. de la Comp. de Jésus, t. IV, c. 6.

*sant toujours ses charités*, selon l'expression de son intendant (1), et méritant l'admiration du monde. Le pape Clément XI le bénit et l'encourage (2), il accorde à son infortuné troupeau de larges indulgences (3), et par une sollicitude digne d'un pontife romain, il lui envoie deux navires chargés de blé (4).

Parmi les victimes qui succombèrent alors, l'une des plus nobles est le Père Claude-François Milley. Ce zélé et infatigable jésuite, comme s'exprime Belzunce lui-même en rendant hommage à sa mémoire, ce sage directeur, cet illustre martyr de la charité, dont Marseille admira le courage et les actions héroïques, mourut presque sous les yeux de l'évêque, au service des pestiférés, le 1ᵉʳ septembre, dans le temps qu'il paraissait plus nécessaire au pasteur et au troupeau (5). Quelque temps avant sa mort, il fit des adieux touchants à sa fille spirituelle, dans une lettre où

(1) Journal inédit de Goujon, intendant de l'évêque, cit. par Laforet, loc. cit.

(2) Bref du 14 septembre 1720, dans les Œuvres choisies, t. I.

(3) Bref du 14 sept., ibid.

(4) V. les ouvrages cités.

(5) V. la lettre de Mgr de Belzunce à la Mère de Gréard.

après avoir décrit sommairement les ravages de la contagion, il s'écriait en terminant : « Priez pour moi notre grand Dieu qu'il daigne me pardonner mes péchés et accepter le sacrifice que je lui fais de tout mon cœur de ma vie. Adieu ! adieu ! tout à vous dans le Cœur adorable de Jésus-Christ, ma très-chère fille. » Belle expression de l'union surnaturelle qui régnait entre ces deux âmes généreuses, et que la mort devait encore resserrer !

En regard de toutes ces grandes victimes exposées ou immolées publiquement à la justice divine pour le salut du peuple, il faut placer la sainte victime qui offre chaque jour sa vie sous le voile virginal. Quelles angoisses dans son âme à la vue d'une si terrible calamité ! Quelles supplications pour arrêter le bras vengeur de Dieu, quels pénitences et quels désirs ! Sa vie n'est point acceptée, mais en échange ses souffrances intérieures redoublent d'intensité, et la réduisent pendant de longues semaines à un état mortel. C'est encore une fois l'abandonnement et l'agonie du Calvaire.

Dans cette extrémité le secours lui vient du père de son âme, envolé au ciel. Le Père Mil-

ley, qu'elle a invoqué durant neuf jours, lui
apparaît dans une nuée de gloire, et calmant
les craintes qui la troublent au sujet de la vérité de ses voies, il lui dit ces belles paroles :
« Le vrai amour n'a que Dieu seul pour principe ; il demeure ferme et inébranlable, et ne
s'émeut pour quoi que ce soit. Ce qui vous arrête dans le chemin où Dieu veut que vous
alliez, c'est que vous vous regardez toujours
vous-mêmes..... » A ces mots, les doutes sont
dissipés, la paix s'empare de son âme, et elle
goûte, assure-t-elle, une espèce de béatitude
commencée, qne ses sens eux-mêmes, lais-
sés miraculeusement sans actes, ne troublent
point (1).

Nous touchons au point culminant de cette
admirable vie. Tant de grâces, tant de lumières ont préparé l'âme de la Sœur Anne-Madeleine à recevoir des lèvres même du Christ,
l'importante révélation qu'elle devra transmettre à l'évêque de Marseille, et qui assurera
le triomphe du Sacré-Cœur. Déjà elle en a le
pressentiment, et entrevoyant ce triomphe :
« O heureux fléau, s'écrie-t-elle, ô heureux

---

(1) *Compte de conscience de la sœur Anne-Madeleine.*

fléau, qui doit apporter tant de gloire au Sacré-Cœur de Jésus-Christ (1) ! »

Mais laissons lui la parole : « Ayant reçu, dit-elle, l'ordre de notre chère Mère de demander à Notre Seigneur qu'Il daignât me faire connaître par quels moyens il voulait qu'on honorât son Sacré-Cœur pour obtenir la cessation du fléau qui afflige cette ville, un moment avant la communion, je l'ai supplié de faire sortir de son Cœur adorable une vertu qui non-seulement guérît les souillures de mon âme, mais encore éclairât mon entendement pour connaître sa volonté sur la demande que j'étais obligée de lui faire... Par la connaissance qu'il m'a donnée après la communion, j'ai compris que la miséricorde de Dieu avait eu plus de part que sa justice aux desseins qu'il s'était proposés en affligeant cette ville de la contagion. Il m'a montré qu'il voulait purger l'Église de Marseille des erreurs dont elle était infectée (2), en lui ouvrant son Cœur adorable comme source de toute vérité ; qu'il demandait une fête solennelle au jour qu'Il s'est choisi lui-même, c'est-à-dire le lendemain de

(1) Circulaire du 15 février 1730 ; Vie, etc., loc. cit.
(2) Le jansénisme.

l'octave du Très-Saint-Sacrement, pour honorer son Sacré-Cœur, et qu'en attendant de lui rendre l'honneur qu'il demandait, il fallait que chaque fidèle se dévouât, par une prière au choix de Monseigneur l'Évêque, à honorer, selon le dessein de Dieu, le Cœur adorable de son Fils ; que par ce moyen ils seraient délivrés de la contagion, et qu'enfin tous ceux qui s'adonneraient à cette dévotion *ne manqueraient de secours que lorsque ce divin Cœur manquerait de puissance* (1). »

La Sœur Anne-Madeleine se hâta d'informer Mgr de Belzunce de cette révélation consolante, et le pieux prélat, se sentant intérieurement pressé d'y ajouter foi, résolut d'exécuter ce que Notre-Seigneur lui demandait. Ce sera l'immortel honneur et l'immortelle joie de l'humble visitandine d'avoir fidèlement coopéré au magnifique dessein de la Providence. Peu d'historiens ont mis en lumière la part qu'elle prit à la glorification du Sacré-Cœur dans Marseille, et à la cessation du fléau qui en fut la suite ; et néanmoins, après le document que nous venons de transcrire, après le

_____

(1) *Compte de conscience.*

témoignage de Mgr de Belzunce et de l'ordre de la Visitation (1), après le choix que l'on fit de la chapelle du monastère pour y accomplir la cérémonie annuelle du vœu, on ne peut méconnaître que cette part ne fut aussi grande et aussi belle que nous l'avons décrite (2). C'est pourquoi, saisis d'admiration, nous n'hésiterons pas à affirmer que, après la Bienheureuse Marguerite-Marie, la première apôtre du Cœur de Jésus, Anne-Madeleine, a été parmi les vierges chrétiennes, l'instrument le plus efficace de l'exaltation de ce Cœur adorable.

Ce fut par un mandement daté du 22 octobre 1720, que l'héroïque Belzunce annonça à son peuple l'hommage public qui allait être rendu au divin Cœur, afin d'apaiser le ciel. « Nous avons établi et établissons, disait-il, dans notre diocèse, la fête du Sacré-Cœur de Jésus, qui sera désormais célébrée tous les ans, le vendredi qui suit immédiatement l'octave du Saint-Sacrement; jour auquel elle est déjà

_______________

(1) *Vie*, etc., loc. cit.
(2) A. Fabre, l'historien de Marseille, fait allusion au rôle joué par la Sœur Anne-Madeleine, mais avec une légèreté regrettable.

fixée dans plusieurs diocèses de ce royaume, et nous en faisons une fête d'obligation que nous voulons être fêtée dans tout notre diocèse; permettant que ce jour-là le Très-Saint-Sacrement soit exposé, tous les ans, dans toutes les églises des paroisses de cette ville et du reste de notre diocèse, dans toutes celles des quartiers du territoire de Marseille, comme aussi dans toutes celles de toutes les communautés séculières et régulières de tout notre diocèse (1). »

Cependant Belzunce ne voulut pas attendre le jour encore reculé de cette fête qu'il venait d'établir en l'honneur du Sacré-Cœur; et il résolut d'accomplir dès la Toussaint prochaine le grand acte que Notre-Seigneur désirait. Au matin de ce jour on vit le zélé pasteur, les pieds nus, la corde au cou et le crucifix entre les mains, marcher à la tête de son clergé réduit à douze ecclésiastiques, et s'acheminer processionnellement vers l'autel qui avait été dressé par ses ordres à l'entrée du Cours. Une foule immense de peuple le suivait, fondant en larmes, et faisant retentir l'air de ses gémis-

(1) Pièces historiques sur la peste de 1720, t. I.

sements. Tous ceux qui avaient échappé à la
mort, étaient accourus sur les pas de l'homme
de Dieu, sans redouter en cette heure solennelle les dangers d'un contact qu'ils fuyaient
auparavant : un long cri de détresse s'élevait
de leurs poitrines vers le ciel. Arrivé aux
pieds de l'autel, Belzunce, le visage baigné de
larmes, prononça d'une voix distincte quoique
profondément émue, une amende honorable
au Cœur sacré de Jésus-Christ ; puis il consa-
cra solennellement à ce Cœur divin sa personne
et son diocèse. La consécration achevée, le
pontife monta les degrés de l'autel, y offrit le
saint sacrifice, et distribua le pain de vie à
tous ceux qui voulurent s'en nourrir. Touchant spectacle que celui d'une ville entière
prosternée pour la première fois devant le
Cœur de son Dieu, implorant le pardon de ses
crimes et la cessation de ses maux, et lui consacrant pour toujours ses destinées (1) !

La prière de Marseille fut entendue, le fléau
diminua d'intensité à partir de cette heure,
et bientôt disparut entièrement. Il était manifeste que le Sacré-Cœur avait sauvé la ville !

(1) V. les auteurs cités.

Lorsque arriva la première fête de ce Cœur désormais si aimé, le 19 juin 1721, vers le soir, Mgr de Belzunce renouvéla devant le même autel du Cours l'amende honorable et la consécration de l'année précédente(1). Mais que les choses étaient changées ce jour-là, et quel brillant cortége entourait l'ange de l'Église de Marseille! Ses mains portaient le Saint-Sacrement, escorté depuis la cathédrale par le chapitre, par le clergé, par les ordres religieux et par une foule pieuse qui, pénétrée de reconnaissance, adorait et bénissait son Sauveur (2).

Malheureusement la reconnaisance ne dura pas longtemps. Marseille, oubliant ses mal-

(1) Voici un passage du Mandement du 16 juin 1721, par lequel le pieux évêque décrétait le cérémonial de cette fête : « Ayant ressenti d'une manière aussi prompte, aussi marquée et aussi continuelle, les merveilleux effets de la bonté et des miséricordes infinies du Sacré-Cœur de Jésus, dès que nous y avons eu recours, il est bien juste, mes très-chers frères, que pour lui en témoigner notre parfaite reconnaissance, nous n'oublions rien de ce qui peut rendre solennelle la fête que nous avons instituée, et surtout la première fois que nous la célébrons... »

(2) V. les ouvrages cités et les mandements de Mgr de Belzunce, du 26 septembre et du 15 octobre 1721, qui sont de vrais monuments en l'honneur du Sacré-Cœur, et portent le témoignage de la reconnaissance de Marseille.

heurs, la perte de quarante mille habitants de
la cité et de dix mille habitants du territoire,
ainsi que les miséricordes du Cœur de Jésus,
retomba dans ses anciens désordres, et irrita
de nouveau la justice du ciel. En même temps
un horrible sacrilége fut commis dans une
église de la ville, et le jansénisme regagna du
terrain. Il ne se faut donc pas étonner si, dans le
courant de l'année de 1722, le bras vengeur
de Dieu s'appesantit encore une fois sur la
ville, et si la peste y reparut, menaçant de
dévorer ceux qu'elle avait épargnés d'abord.
Dans ces douloureuses circonstances, Mgr de
Belzunce, se souvenant du remède véritable à tant de maux, et considérant d'ailleurs
que les magistrats n'avaient point concouru
publiquement au grand acte de réparation,
supplia les échevins de réparer cet oubli au
nom de la ville. « Je ne veux rien vous proposer, leur écrivait-il, qui puisse causer quelque
dépense à la ville, malheureusement trop
épuisée ; Dieu d'ailleurs ne demande pas nos
présents mais nos cœurs. Faites donc, au
nom de la ville, un vœu capable de désarmer
le bras vengeur qui paraît se lever de nouveau
contre nous. »

Les échevins Pierre Moustier, Balthazard Dieudé, Pierre Rémuzat et Jean-Baptiste Saint-Michel se rassemblèrent à l'hôtel de ville le 28 mai 1722, en présence du marquis de Pilles, gouverneur viguier et commandant de la ville et du territoire, à l'effet de prendre lecture de cette lettre, et de délibérer sur un objet aussi important. Sur la proposition de Moustier, on résolut d'accéder au désir de l'Évêque, et le procès-verbal de cette mémorable séance enregistre cette décision. Il est intéressant d'en donner le texte même, qui nous apprend la teneur du vœu de la ville. Après avoir exposé l'objet de la délibération, le procès-verbal continue en ces termes : « Sur quoi il a été unanimement décidé que nous, échevins, ferons un vœu ferme, stable et irrévocable entre les mains de Monseigneur l'Évêque, par lequel, en ladite qualité, nous engagerons nous et nos successeurs, à perpétuité, à aller toutes les années, au jour où il a fixé la fête du Sacré-Cœur de Jésus, entendre la Messe dans l'église du premier monastère de la Visitation, dite des *Grandes Maries*, y communier et offrir, en réparation des crimes commis en cette ville, un cierge ou flambeau de cire

blanche du poids de quatre livres, orné de
l'écusson de la ville, pour brûler ce jour-là
devant le Saint-Sacrement, et assister sur le
soir du même jour à une procession générale
d'actions de grâces.

A Marseille, 28 mai 1722.

(signés) : Moustier, Dieudé, Rémuzat,
Saint-Michel,  échevins. »


Quelques jours après, les échevins se firent
un devoir de prononcer le vœu, et l'extrait
suivant du greffe de l'évêché de Marseille consacre la mémoire de ce fait :


« Du 4 juin 1722.

« Nous Henri-François-Xavier de Belzunce
de Castelmoron, etc., faisons savoir que les
sieurs Jean-Pierre Moustier, Balthazard
Dieudé, Pierre Rémusat et Jean-Baptiste
Saint-Michel, échevins, pour tâcher d'apaiser la colère du Seigneur et en obtenir la
cessation de la contagion qui a recommencée
en cette ville, ayant délibéré, le 28 du mois
dernier, ensuite de  l'exhortation que nous
leur adressâmes de faire un vœu en l'honneur
du Sacré-Cœur de notre Sauveur Jésus-Christ,

se sont rendus ce jourd'hui, fête du Très-Saint-
Sacrement, revêtus de leurs robes rouges, en
notre église cathédrale. Là, s'étant avancés
tous quatre et mis à genoux, au bas du marche-
pied du maître-autel, au devant de nous qui
avions le Très-Saint Sacrement en mains, le
sieur Moustier premier échevin, prenant la
parole au nom de tous quatre, a fait et prononcé entre nos mains le dit vœu.

« (Signés) : MOUSTIER, DIEUDÉ, REMUZAT,
SAINT-MICHEL, échevins.
« HENRI, évêque de Marseille. »


Il ne restait qu'à accomplir l'engagement
solennellement pris. C'est ce qui eut lieu le
vendredi 12 juin suivant, fête du Sacré-Cœur,
dans la chapelle du premier monastère de la
Visitation. Mgr de Belzunce monta à l'autel,
y célébra les saints mystères, et donna la
communion aux échevins, qui renouvelèrent
le vœu prononcé à la cathédrale, et offrirent le
cierge aux armes de la ville (1). Cette première
fête qui devait se renouveler chaque année,

(1) Circulaire de la Mère d'Orlyé, de Saint-Innocent,
supérieure du monastère, du 1er octobre 1723.

fut douce à tous les cœurs, et la mémoire ne s'en perdit jamais dans la pieuse communauté, au milieu de laquelle Dieu avait placé et inspiré la promotrice cachée de ces grandes choses.

A partir de ce jour le nombre des malades diminua merveilleusement, et à la fin d'une neuvaine ordonnée par Belzunce dans l'église de la Visitation, la peste disparut pour toujours de la noble cité de Marseille. Au mois de septembre on célébra de solennelles actions de grâce, auxquelles la voix du saint pontife se mêla magnifiquement. « Peuple, s'écria-t-il, que le Dieu des vengeances a deux fois frappé dans son indignation, mais qu'Il a aussi dans sa miséricorde, délivré deux fois et d'une manière sensible, *cessez de craindre désormais et tressaillez d'allégresse*, parce que le Cœur adorable de Jésus, auquel vous vous êtes solennellement voué, s'est déclaré *et a fait de grandes choses* en votre faveur! Que le souvenir de ces prodiges soit à jamais gravé dans vos esprits et dans vos cœurs ! *Racontez-les souvent à vos enfants, que vos enfants le disent aux leurs et ceux-là aux races suivantes, et que la mémoire en passe aux siècles futurs !...* Annoncez votre délivrance et la publiez aux extrémités du monde, publiez la gloire de votre Libérateur parmi les nations, et ses merveilles parmi tous les peuples chez qui le commerce vous conduira désormais. Annoncez-leur que c'est au Sacré-Cœur de Jésus à qui seul vous devez votre salut, et duquel seul aussi ils doivent attendre leur force et leur consolation dans toutes leurs tribulations (1). »

L'exemple de Marseille, sauvée par le Sacré-Cœur peut être proposé à la France. Hélas! la nation française, elle aussi, a attiré par ses crimes publics la colère du Ciel. Dieu, dans son amour, l'avait constituée pour qu'elle défendît ses droits, pour qu'elle propageât partout la vérité, pour qu'elle tînt levé au milieu des nations l'étendard chrétien. Au lieu d'accomplir fidèlement cette glorieuse mission, malgré toutes les vertus de ses enfants, malgré toutes les grandes œuvres nées dans son sein, officiellement, comme corps social, elle a renié son baptême, elle a abandonné la cause du Christ et de l'Église. Une telle apostasie sociale offense grandement le

______

(1) Mandement du 21 septembre 1722.

Cœur de Dieu, et il ne se faut point étonner
qu'elle ait attiré sur ce peuple les châtiments
qui fondirent autrefois sur l'empire païen
persécuteur. « Le sixième ange, dit saint Jean
dans l'Apocalypse, parmi ceux qui portaient
les coupes de la colère de Dieu, répandit sa
coupe sur ce grand fleuve d'Euphrate ; et ses
eaux furent séchées pour ouvrir un chemin
aux rois d'Orient (1). »

Noble nation, fille aînée de l'Église et jamais
reniée par elle, fille aînée du Sacré-Cœur, ainsi
que la vierge de Paray l'assure (2), faites
amende honorable devant ce Cœur, que vous
avez d'autant plus contristé, qu'il vous a aimée
davantage. A l'exemple de Marseille consacrez-
vous pour toujours à lui, scellant dans son
sang votre réconciliation avec Dieu ; et vous
verrez fuir les calamités qui vous accablent,
comme elle a vu guérir ses maux. Mais que
cette cérémonie soit un acte solennel, un acte
social, c'est-à-dire un acte accompli par les

______

(1) Apoc., xvi, 12.
(2) Lettre de la Bienheureuse Marguerite-Marie à la
Mère de Saumaise, du 17 juin 1689, citée plus haut. Le
roi de France, en qui se personnifiait la nation, y reçoit le
titre de fils aîné du Sacré-Cœur.

pouvoirs publics au nom de la nation, sur cette colline célèbre où vous élevez en ces jours au Cœur du Christ un sanctuaire triomphal !

# CHAPITRE VII

LES DERNIÈRES ANNÉES. — CONCLUSION

> *...Sub umbra illius, quem desi-*
> *deraveram, sedi : et fructus eius*
> *dulcis gutturi meo.*
>
> Je me suis reposée sous l'ombre
> de celui que j'avais désiré ; et son
> fruit est doux à ma bouche.
>
> Cant., II, 3.

Par la consécration de la ville de Marseille au Sacré-Cœur, la partie principale de la mission d'Anne-Madeleine se trouva terminée. Sous ce rapport, la vierge de Marseille fut sans doute plus heureuse que celle de Paray-le-Monial. Marguerite-Marie, en effet, ne vit point de son vivant, le complet épanouissement de la dévotion nouvelle dont elle était l'initiatrice; au lieu que sa sœur de la Provence, héritière principale de son esprit, assista, elle, au triomphe du Cœur de Jésus, acheté par tant de larmes et de soupirs, préparé par tant d'efforts humbles et généreux. Elle n'avait point atteint sa vingt-septième année, quand cet immense bonheur lui arriva. Aussi, à cette heure solennelle, quelle allégresse, quel enthousiasme, quelle gratitude dans son âme! Brûlant de la flamme des séraphins, elle n'eut d'autre ressource, pour apaiser son amour, que de s'offrir comme une hostie de louange et de bénédiction, que de se sacrifier avec une fidélité nouvelle au bon plaisir de son Maître.

Celui-ci, du reste, la possédait déjà pleinement, et disposait d'elle à son gré. « Je ne sens plus d'opposition, disait-elle, à faire tout ce qu'il veut et à être tout ce qu'il veut que je sois. Je suis tellement réduite au néant, qu'il ne me serait plus possible de produire le plus petit acte qui marquât une vie propre ; je ne sais rien et je ne veux rien savoir. Je souffre sans pouvoir m'occuper un instant de ce que je souffre, et sans savoir ce que Dieu veut opérer en moi par la souffrance. Ma disposition est de ne rien voir en Dieu que Dieu même, d'être contente de tout ce qu'il veut, de tout ce qu'il fait et de tout ce qu'il ne fait pas; je ne distingue plus une volonté contraire. Mon âme jouit par là, en tout événement, de cette paix de Dieu où les sens ne sauraient atteindre..... Je ne sais plus ce que c'est que lumières, que ténèbres, richesses, pauvreté. Ce que je sais, et ce qui m'occupe uniquement, c'est qu'il y a un Dieu qui m'a rendue, par sa bonté et par sa puissance, capable de lui, et qui mérite d'être aimé en Dieu. Ne demandez plus rien autre de moi; la connaissance de Celui qui est, m'élève au-dessus de tout ce qui n'est pas lui (1). »

Ce langage si simple et si beau, est en même temps très-profond. Il nous explique le haut degré de perfection qu'il a été donné à la Sœur Anne-Madeleine d'atteindre. Purifiée dès son enfance par des épreuves de nature diverse, éclairée par les illuminations qui tombent du sein de Dieu, elle marchait depuis longtemps dans la voie de l'union. Voici qu'elle s'y élève à une grande hauteur. L'amour sacré comme s'exprime saint Denys l'Aréopagite, est extatique, c'est-à-dire qu'il ravit hors d'eux-mêmes ceux qui en sont

______

(1) *Compte de conscience.*

saisis, tellement qu'ils ne sont plus à eux, mais bien à l'objet aimé (1). Telle la Sœur Anne-Madeleine. Possédée du divin amour, et passée d'elle-même à Jésus-Christ, elle ne vit plus de sa vie propre, mais de la vie souverainement chère de celui qu'elle aime. Dans cet état, l'abandon de l'âme est si sincère, si spontané, si total, qu'elle ne distingue plus en elle d'autre volonté que celle de son Maître. En outre, l'âme laissant alors de côté les sens et les opérations de l'entendement, tout ce qui est sensible et intelligible, tout ce qui est et tout ce qui n'est pas, entre de la sorte dans la mystérieuse obscurité d'une sainte ignorance; et dégagée de la lumière naturelle, elle va s'unir, d'un essor surnaturel, à celui qui est élevé par delà toute essence et toute notion, se perdant autant qu'il lui est donné, en ce Dieu insaisissable et invisible, qui plane au-dessus des plus hautes cimes intellectuelles du céleste séjour (2). A cette

(1) *De Nom. div.*, c. iv, 13.
(2) Dion. Areop., *de Theol. myst,*, c. i. En citant ce Père de la théologie mystique, nous citons tous les grands mystiques, par exemple saint Jean de la Croix, *la Nuit obscure de l'âme, passim.*

hauteur, on le comprend, la connaissance qu'obtient l'âme de l'Être suprême, la fait planer au-dessus de tout ce qui n'est pas lui. Là, elle conçoit pour Dieu une estime nouvelle, et sa joie est extrême, à la pensée que par sa toute-puissance et par sa bonté, il l'a rendue capable de lui. Là encore elle entrevoit en Dieu ce que la Bienheureuse Marguerite-Marie appelle la sainteté d'amour (1), elle comprend les justes exigences de la divine charité. Enfin la flamme sacrée qui la consume, lui donne de si grandes forces et un courage si intrépide, qu'elle est prête à souffrir mille tortures et à perdre mille vies pour l'amour de ce grand Dieu, qu'elle se sent dis-disposée à entreprendre pour sa gloire les actions les plus extraordinaires et les plus difficiles.

Telle était bien la disposition intérieure de la Sœur Anne-Madeleine, lorsque sa supérieure lui défendit tout à coup ses grandes austérités, ses longues veilles, ses jeûnes rigoureux, ses effrayantes macérations. Elle en conçut une peine profonde, mais elle se

---

(1) *Vie de la Bienheureuse* écrite par elle-même.

soumit avec une docilité d'enfant. La supérieure du monastère, nous avons déjà eu l'occasion de le dire, était à cette époque la Mère d'Orlyé de Saint-Innocent. Religieuse du monastère d'Annecy, lequel est considéré comme la source de tout l'ordre de Sainte-Chantal, elle avait été élue en 1719 par la Visitation de Marseille, parce que cette maison étant sortie directement de la sainte source, souhaitait d'avoir un de ses dignes sujets pour mieux conserver ce qu'elle en avait reçu (1). La Mère de Saint-Innocent ne mit pas moins d'habileté à diriger les âmes qui lui étaient confiées, qu'elle n'avait montré de sagesse à gouverner son monastère, surtout dans les temps difficiles de la peste. Voyant que la santé de la Sœur Rémusat déclinait rapidement, elle prit la mesure que nous avons dite, mais néanmoins, fidèle à correspondre au dessein de la Provinence, elle lui permit des pénitences extraordinaires, quand l'Esprit de Dieu poussait plus particulièrement sa fille à lui en demander. Celle-ci, du reste, s'adressait encore à son Maître, et se plaignant de ne

(1) Circulaire du premier monastère de Marseille, du 1er mai 1721.

13.

pouvoir assez souffrir, elle le suppliait de
l'attacher toujours plus étroitement sur la
croix. Jésus l'exauça, en lui envoyant un re-
doublement d'infirmités et de maux physiques, qui ne cédèrent à aucun remède, et
dont les médecins ne purent découvrir les
causes. A ces maux se joignirent les peines
intérieures; mais qu'on veuille le remarquer,
ces peines n'avaient plus pour but, comme
dans les premiers temps, de purifier les puissances de son âme ; elles avaient une fin plus
haute, celle de servir à l'expiation des péchés
pour lesquels le divin Pontife immolait cette
pure victime. Et tandis que le dehors de son
âme était livré à la douleur et au délaissement, l'intime demeurait uni à Dieu par l'o-
pération de Dieu lui-même (1). C'est ainsi que,
par une grâce très-haute, l'humble visitandine continuait à travailler en union avec
Jésus au rachat des âmes, et à prendre sa
part glorieuse des souffrances que le Christ
doit encore endurer dans son corps mystique,
pour la formation de son Église (2).


(1) *Vie*, etc., c. 10.
(2) Coloss., ɪ, 24.

Cependant le divin Maître continua de se
servir de sa fidèle épouse pour transmettre à
certaines âmes des reproches et des menaces.
C'était là assurément une mission glorieuse
mais difficile, et qui surtout procurait à cette
âme généreuse une peine des plus délicates.
Son courage fut rudement mis à l'épreuve.
Parfois, lorsque la voix de Notre-Seigneur
s'était fait entendre, elle sentait, dans la partie
inférieure de son âme, une violente répugnance à communiquer le message ; mais on
comprend assez par ce qui a été dit plus haut,
que le triomphe de la grâce était assuré
d'avance, et que l'humilité seule de la Sœur
pouvait s'alarmer. Elle eut d'ailleurs ce point
de ressemblance de plus avec sa devancière,
la Bienheureuse Marguerite-Marie, qui, par-
venue à un très-haut degré d'union avec Dieu,
n'en eut pas moins à subir, par une disposition
particulière du divin Maître, de grands dégoûts et de terribles répugnances. Afin de
triompher complétement d'elle-même dans
cette épreuve délicate, la Sœur Anne-Madeleine fit un vœu de perfection, que son directeur et sa supérieure approuvèrent, et dont
elle nous parle en ces termes : « Aujourd'hui,

8 décembre 1727, fête de l'Immaculée-Conception de la très-sainte Vierge, pour suivre le mouvement que Dieu me donnait, je me suis engagée par vœu à prier, à souffrir et à agir selon ce même mouvement, en faveur des personnes à qui il lui plaira d'appliquer mes prières et mes souffrances, après en avoir obtenu la permission de mon confesseur et de ma supérieure, et l'ayant fait dépendamment de leur volonté, afin qu'ils puissent m'en dispenser, en cas qu'il vînt à me causer de l'embarras et du scrupule. Il m'a paru que Dieu demandait ce vœu de moi, et qu'Il voulait me fortifier, me purifier et m'éclairer, pour me rendre plus propre à lui procurer la gloire qu'il veut trouver en moi, en dédommagement de celle que d'autres lui ravissent.

» J'ai compris encore que par ce moyen je serais aidée à vaincre l'opposition que je sens quand il faut agir en de certaines rencontres, opposition formée par la prudence humaine, qui m'a souvent fait perdre l'effet de la lumière qui m'était donnée, soit pour moi, soit pour les autres. Je suis donc résolue et je promets à Dieu de

suivre aveuglément ce qu'il lui plaira de
m'inspirer, me réservant de recourir à la
personne qu'Il m'a donnée pour ma conduite dans les occasions où Il demande que
j'agisse ; mais dans celles où il ne s'agira
que de prier et de souffrir, je me tiendrai
continuellement livrée à son Esprit, pour
lui rendre par lui toute la gloire qu'Il veut
de moi. Ce qui me fait encore croire qu'Il
me demande cet engagement, c'est qu'Il
semble le former lui-même en moi d'une
manière digne de lui, ce que toute mon
application et mon industrie ne sauraient
faire. Mais, mon âme, quel sujet de confusion pour toi! Le seul amour ne devait-il
pas suffire pour accomplir ton devoir, sans
qu'il fût nécessaire de te lier autrement que
par les liens de la charité? Vous connaissez
ma faiblesse, ô mon Dieu, fortifiez-là, et
rendez-moi digne de remplir tous vos desseins. Ainsi soit-il (1). »

A partir de ce moment, le divin Maître ne
garda plus de mesure avec la victime de son
Cœur. Il lui manifesta les plus intimes se-

______

(1) *Compte de conscience.*

crets d'une foule de consciences, et il la choisit pour sa messagère habituelle auprès des âmes auxquelles il voulait transmettre ou des avertissements ou des ordres. Combien il en coûta chaque fois à la Sœur Anne-Madeleine ! Rien que la révélation des péchés d'autrui et de l'outrage fait à Dieu, devait causer à cette âme aimante et délicate, si éclairée sur la bonté infinie, une douleur inexprimable. Et que dire des souffrances, de la confusion, des difficultés de toute sorte qu'entraînait la transmission même des paroles du divin Maître ? Mais on l'a vu, l'amour divin qui la consumait, lui avait donné un zèle immense pour les intérêts du Sacré-Cœur, et un courage à la hauteur des entreprises les plus ardues.

La plupart des faits auxquels nous faisons ici allusion, étant de nature à demeurer secrets, nous sont inconnus aujourd'hui ; il y en eut néanmoins qui eurent du retentissement, et c'est un de ceux-là que nous voulons raconter. Un ecclésiastique d'une piété apparente, nourrissait dans son âme des sentiments de révolte contre l'Église. Tout nous porte à croire qu'il s'était laissé gagner par les jansénistes. Bien que la Sœur Anne-Madeleine connût fort bien le caractère irascible et violent de ce prêtre dévoyé, elle n'hésita point à remplir auprès de lui la mission que le divin Maître lui confia. Ayant réussi à le faire venir au parloir, dès qu'elle l'aperçoit, elle le salue respectueusement, se met à genoux, et le supplie, les larmes aux yeux, de recevoir l'avertissement du ciel, et de ne point tarder à s'y rendre, attendu, dit-elle, que le temps presse. Le prêtre, à ces mots, au lieu de rentrer en lui-même et de s'humilier devant Dieu, frémit d'indignation de se voir découvert. Le sang lui monte au visage, la fureur est dans ses yeux. Il traite de visionnaire et d'hypocrite la douce messagère du Sacré-Cœur, et répand dans la ville entière ce qu'il appelle son trait d'audace, n'oubliant rien pour la diffamer.

L'affaire fit beaucoup de bruit. Les uns, connaissant la sainteté de la Sœur Rémusat, ne doutaient point qu'elle n'eût suivi l'inspiration du ciel. Les autres, ne pouvant croire que ce ministre des autels, d'une vie pure en apparence, fût un ennemi caché de l'Église, le défendaient aux dépens de l'humble visitandine. Celle-ci ne perdit ni la paix, ni la sérénité. A ceux qui l'interrogeaient, elle se contentait de répondre que, si ce prêtre ne se corrigeait point, il mourrait dans trois ans. Hélas ! la prophétie devait se réaliser. Le malheureux coupable ne se convertit point ; il ne rejeta point ses erreurs, et les trois années de répit étant écoulées, une maladie violente le saisit. La voix dè la charité se fit alors entendre autour de sa couche, mais il refusa de l'écouter, et c'est ainsi qu'il mourut, sans avoir donné aucun signe de repentir (1).

Au fond de son cloître la Sœur Anne-Madeleine éprouva une vive affliction en apprenant cette triste nouvelle. Quelle mission douloureuse était donc la sienne ! Mais aussi, en d'autres moments, quelle mission consolante ! Ames généreuses qui, de nos jours encore, vous voilant la face devant la sainteté redoutable de Dieu, gémissez au pied des autels sur les outrages qui se commettent envers la Majesté infinie, et sur l'ingratitude des hommes, ah ! continuez cette mission su-

____

(1) *Vie*, etc., c. 10.

blime. Priez sans cesse, pour les âmes qui s'éloignent des sources de la vie, et n'épargnez ni vos larmes, ni vos peines, afin que, échappant à la seconde mort, elles glorifient dans l'éternité les miséricordes du Cœur de Jésus-Christ !

Cependant l'apostolat de la Sœur Anne-Madeleine s'agrandit encore. Tantôt nous voyons une religieuse vivant au fond d'un cloître de Marseille, avertie indirectement par elle de la vie lâche et coupable qu'elle cache sous les dehors de la vertu, reconnaître humblement que la sainte visitandine est éclairée d'en haut, puis se rendre aux ordres du ciel, en lavant ses fautes par la pénitence. Tantôt nous rencontrons des personnes pieuses en grand nombre, interrogeant la Sœur Anne-Madeleine au sujet de leur intérieur, et confessant qu'elle leur dévoile jusque leurs plus secrètes pensées, et qu'elle lit, comme Dieu même, dans les plus profonds replis de l'âme ; puis, sous l'impression de ses discours, entrant dans des voies plus parfaites, et atteignant des sommets plus élevés.

Enfin nous sommes touchés à la vue de ce digne ministre du sanctuaire mettant sa confiance dans la confidente du Sacré-Cœur. Celle-ci découvre aussitôt ses plus secrètes pensées, ses projets de perfection, les obstacles qu'il y rencontre, en un mot, tout ce qui se passe de plus intime et de plus délicat dans le fond de son être ; elle lui révèle tout cela, et grâce à ses exhortations, ce prêtre vénérable travaille avec un nouveau zèle à sa perfection, et meurt un peu plus tard saintement. La Sœur Anne-Madeleine s'étonne des succès de son apostolat ; elle en attribue à Dieu toute la gloire, puis elle embrasse avec plus d'amour la croix d'où elle tire sa force. « De grandes richesses, s'écrie-t-elle, sont attachées à cet état de souffrance, et pour moi et pour les personnes pour qui Dieu veut que je prie. C'est maintenant plus que jamais qu'il me livre les intérêts de sa gloire, que j'ai à soutenir selon toute l'étendue des lumières et des forces qui me sont données (1). »

Ces lumières et ces forces lui arrivent en abondance. Alors elle demande à Dieu de deux choses l'une : ou que les connaissances qu'il lui donne pour les transmettre à d'autres pro-

_______________

(1) *Compte de conscience*; *Vie*, etc., c. 10.

duisent l'effet qu'il en attend dans ceux pour
qui elles lui sont données, ou bien que la dé-
claration qu'elle en doit faire la couvre de confusion, afin qu'elle trouve dans sa propre humiliation de quoi confondre l'ennemi. Bien
souvent cette dernière grâce lui est accordée.
Reproches amers, paroles piquantes, injures
même, voilà ce qu'elle recueille plus d'une
fois. Loin de s'en affliger, elle s'en réjouit,
n'oubliant pas d'offrir au Christ ces épreuves
précieuses, afin d'obtenir un secours efficace
pour les âmes qui résistent à la grâce, en l'in-
juriant. Elle souhaite que le Cœur du divin
Roi trouve, dans l'humiliation de sa servante,
une compensation à la gloire que lui ravissent
les obstinés qui demeurent sourds à sa voix.
Et en même temps qu'elle s'immole ainsi pour
les âmes coupables, elle ne néglige point les
âmes vertueuses qui, en grand nombre, ont
recours à ses conseils. Grâce aux lumières surnaturelles qui ne lui font jamais défaut, elle
les guide dans la voie de la perfection, elle les
entraîne vers l'autel du sacrifice. Sont-elles
accablées par l'épreuve, elle essuie leurs larmes. Ont-elles puisé, au contraire, dans le
Cœur blessé du Christ, l'estime de la croix,

elle leur montre que la souffrance est un sceau sacré par lequel Dieu distingue ses amis; et élevant encore plus haut ses enseignements, elle leur apprend que la douleur endurée pour Jésus est l'unique chose qui puisse adoucir la vie à l'âme qui aime (1).

Tel fut le couronnement de la mission d'Anne-Madeleine. En jetant maintenant un regard d'ensemble sur cette vie près de finir, nous ne pouvons nous défendre de placer la pieuse visitandine de Marseille au nombre de ces femmes apostoliques que la Providence suscite pour en faire les aides et les servantes du sacerdoce. Car, saint François de Sales l'assure, si les femmes ne sont pas capables de la dignité apostolique à cause de leur sexe, elles sont néanmoins capables en quelque façon de l'office apostolique, et elles peuvent rendre plusieurs services à Dieu, procurant en certaine façon l'avancement de sa gloire, comme les Apôtres (2). C'est ce que l'on a admiré dès le berceau de l'Église. Qui ne se souvient de cette phalange de saintes femmes qui secondèrent avec tant de zèle les travaux des

(1) V. une de ses lettres citée dans sa *Vie*, c. 10.
(2) *Entretiens spirit*. Entret. VI.

Apôtres, et parmi lesquelles plusieurs sont nommées dans l'Épître aux Romains ? De Phébé, cette diaconesse qui assistait les saints (1) ; de Priscille qui, de concert avec son mari Aquilas, devint la coadjutrice de saint Paul dans le service de Jésus-Christ, et qui, non contente de destiner sa maison à la célébration des saints mystères au milieu d'une assemblée chrétienne, exposa encore sa vie pour l'Apôtre, en sorte que toutes les églises lui furent redevables (2) ; de Marie, qui travailla beaucoup pour les chrétiens de Rome (3); de Tryphène, de Tryphose et de Perside, de Julie et de la sœur de Nérée, qui firent de grandes choses pour le service du Seigneur (4) ; enfin de Junie qui, avec Andronique, était considérable entre les Apôtres, après avoir eu la gloire de partager la captivité de Paul (5). Ces nobles coadjutrices de

(1) Rom., xvi, 1, 2.
(2) Ibid., 3, 4.
(3) Ibid., 6.
(4) Ibid., 12 et 15.
(5) Ibid., 7. Il y a des commentateurs qui en font un homme, précisément à cause de ces expressions de l'Apôtre, qui, à leurs yeux, ne sauraient convenir à une femme. Avec bien d'autres, nous ne suivons pas ce senti-

l'apostolat furent suivies dans tous les siècles d'autres femmes qui reçurent du ciel une mission semblable à la leur, d'une Catherine de Sienne, par exemple, d'une Thérèse, d'une Marguerite-Marie ; et c'est à la suite de toutes ces âmes apostoliques que nous plaçons la Sœur Anne-Madeleine. Celle-ci fut vraiment une aide du sacerdoce, d'abord en ce qu'elle offrit sans cesse à Dieu des prières et des souffrances pour les ministres du sanctuaire, afin que la grâce du ciel tombât sur leurs travaux apostoliques, et en ce qu'elle reçut elle-même des lumières surnaturelles qu'elle eut à leur transmettre (1) ; ensuite parce qu'elle s'immola toujours pour le salut des pécheurs et qu'elle exerça elle-même une maternité spirituelle sur un grand nombre d'âmes ; enfin parce que l'évêque de Marseille eut fré-

ment, d'autant que, interprété comme nous le faisons, ce passage peut parfaitement s'expliquer d'une femme.

(1) *Vie*, etc., c. 12 et 13. Par exemple, le P. Girard, S. J., directeur de la sœur après la mort du P. Milley, reçoit d'elle un jour un billet qui nous fait juger de l'union spirituelle de ces deux âmes et des lumières que l'une reçoit pour l'autre. Dans ce billet, la sœur apprend à ce vénérable religieux que Notre-Seigneur demande de lui un esprit anéanti, muet à toute propriété et continuellement dépendant de la grâce.

quemment recours à ses conseils et à ses lumières surnaturelles dans les circonstances les plus importantes, autant pour le gouvernement de son diocèse que pour sa propre conduite (1); parce que plus d'une fois elle fut chargée de transmettre à ce grand évêque les volontés du ciel (2); et surtout parce que la Providence la lui associa pour l'œuvre de la consécration solennelle de la ville épiscopale au Cœur de Jésus-Christ. Ces mots résument toute la vie d'Anne-Madeleine et achèvent de caractériser sa belle mission.

Il ne nous reste plus maintenant qu'à décrire les derniers jours que cette grande âme passa sur la terre. L'heure de la délivrance approche, et il semble que le Christ n'épargne rien pour orner sa fidèle épouse et pour la rendre digne de ses regards très-purs. Au commencement d'une retraite, afin de la préparer à ses contemplations chérubiques, il la ravit soudain et l'inonde d'une lumière éblouissante. Entendons-la elle-même rapporter cette

(1) Un jour, Mgr de Belzunce hésitait à faire un voyage. La sœur l'assure de la part de Notre-Seigneur que le résultat en sera heureux, et la prophétie se vérifie exactement.

(2) *Vie*, etc., loc. cit.; Lettre de Mgr de Belzunce.

grâce : « Le premier jour de ma retraite, pendant l'oraison du matin, je me suis trouvée tout à coup en présence des trois adorables Personnes de la Trinité, et, selon l'inspiration que j'en avais, je les ai priées de bénir ma retraite et d'en remplir tous les moments. Au même instant mon âme a été environnée de la puissance du Père comme d'une nuée épaisse qui me cachait entièrement à moi-même, et qui me cachait aussi à tout le créé, afin que je ne fusse susceptible que des impressions par lesquelles je devais entrer dans la connaissance profonde de ce que Dieu est en Lui-même. Alors il m'a semblé que Notre-Seigneur Jésus-Christ m'adressait ces paroles :
« Personne ne connaît le Fils que le Père, et
» personne ne connaît le Père que le Fils et
» celui à qui le Fils voudra le faire connaître. »

» J'ai compris que Notre-Seigneur voulait me donner de son Père et de Lui-même une connaissance infiniment plus pure que toutes les connaissances qui m'en ont été données jusqu'aujourd'hui. Et comme je ne pouvais porter en moi de si riches trésors, Il m'a ouvert son sein, afin qu'en Lui et par Lui je fusse

en état de les porter. Que de secrets il m'a été
donné de connaître dans ce sein et par ce sein
adorable ! Mon âme, pourrais-tu en dire quelque chose? Non, mon Dieu, il n'appartient
qu'à vous seul de révéler vos propres merveilles. Tout ce que j'ai compris de vous, c'est que
je ne pouvais pas vous comprendre. Vous
avez voulu, pour ainsi dire, diviniser mon
âme en la transformant en Vous-même, après
lui avoir ôté sa propre forme (1). »

Saint François de Sales distingue l'extase de
l'entendement de l'extase de la volonté. L'une
est en la splendeur, l'autre en la ferveur ; l'une
se fait par l'admiration, l'autre par la dévotion. « Quand il plaît à la divine bonté, ajoute-
t-il, de donner à notre entendement quelque
spéciale clarté, par le moyen de laquelle il
vienne à contempler les mystères divins d'une
contemplation extraordinaire et fort relevée,
alors, voyant plus de beauté en iceux qu'il
n'avait pu s'imaginer, il entre en admiration....., et d'autant que cette admiration,
quand elle est forte, nous tient hors et au-
dessus de nous-mêmes par la vive attention et

_______

(1) *Compte de conscience.*

application de notre entendement aux choses célestes, elle nous porte par conséquent en l'extase (1). » Ces paroles expliquent l'état sublime d'Anne-Madeleine. Percevant un rayon de l'inénarrable beauté de Dieu, son entendement est ravi, et parce que, selon la doctrine de saint Jean, l'apparition de Dieu rend semblable à Dieu (2), elle se sent élever, dans ce ravissement, jusqu'au faîte de la divine ressemblance.

Dans le courant de l'année 1728, vers l'époque de l'Assomption, la Mère Nogaret, réélue supérieure du monastère, confia à la Sœur Rémusat la charge d'économe. Il y avait là, assurément, une disposition de la Providence. D'un côté, cette charge était entièrement opposée aux attraits de celle qu'on venait d'en revêtir; de l'autre, la faiblesse de celle-ci était extrême, au point qu'on la voyait obligée de s'appuyer contre les murs quand elle avait à circuler dans la maison. On espérait donc, comme l'espérait la Sœur elle-même, que Dieu accomplirait des miracles et qu'il lui fe-

_________

(1) *Traité de l'amour de Dieu*, liv. VII, c. 4.
(2) I Joan., iii.

rait trouver la santé dans ce qui devait naturellement la détruire. Le divin Maître n'y
faillit point, et nous allons entendre la Sœur
Rémusat elle-même raconter comment : « Je
me trouve, dit-elle, dans mes plus grandes
occupations, sans en sentir ni la difficulté ni
la peine, et aussi occupée de Dieu que dans le
temps de l'oraison ; je n'éprouve jamais aucune hésitation sur ce qu'il y a à faire ou à
laisser. L'Esprit de Dieu daigne m'avertir à
propos de tous mes devoirs et me les fait remplir avec une étendue de perfection qui m'ôte
tout sujet de crainte. Je suis pour l'ordinaire
occupée et remplie de la plénitude de Dieu ;
ce ravissement de l'âme se communique au
corps qui, dans l'emploi où la Providence m'a
mise, en est fortifié d'une manière que je ne
crains pas d'appeler miraculeuse. Je souffre
plus que jamais, et je ne laisse pas d'aller toujours mon chemin ; j'ai même été inspirée de
demander à notre très-honorée Mère d'aller à
matines, où je ne me suis pas trouvée depuis
plus de huit ans. Dieu semble vouloir faire
éclater sa force dans ma faiblesse (1)..... »

(1) *Compte de conscience.*

Elle nous dit encore : « Mon cœur est toujours solitaire, et il ne cesse de prier au milieu de cette multitude d'occupations et de soins capables d'absorber l'esprit et le corps. Pour ce qui regarde le corps en particulier, rien de plus étonnant que la manière dont Dieu vient à son secours. S'agit-il d'un travail rude qui demande la force, cette force m'est donnée, mais précisément pour le temps du travail, après quoi je retombe dans ma première disposition de faiblesse et de langueur. Cette expérience réitérée fait que je prends presque tout sur moi, ou, pour mieux dire, sur le secours de Dieu, sans me décharger sur personne (1). »

Une autre fois elle écrivait encore : « Mon occupation intérieure est toujours la même ; elle semble même se fortifier dans la dissipation inséparable d'un pareil emploi : Dieu se communique et se laisse trouver partout. Le jour de la grande fête du Sacré-Cœur que nous venons de célébrer, j'ai été accablée de ses miséricordes : il m'a semblé que le Cœur adorable de Jésus se dilatait pour répandre

______

(1) *Compte de conscience.*

avec abondance ses richesses dans le mien.....
Je ne trouve plus d'expressions pour faire
connaître ce que Dieu daigne opérer en moi.
Mon âme est dans un étonnement extrême de
voir ce qu'on lui montre, sans sortir des bornes de la foi ; ce sont des écoulements de Dieu
qui la remplissent toute et qui se déchargent
sur le corps. . . . . . . . . . . .
Je ne puis presque plus prier sans me
trouver dans une espèce de saisissement qui
me met hors d'état de participer à ce qui se
passe au dehors. Ce ne sont pas des saisissements qui violentent et qui embarrassent,
mais c'est un assouvissement, une plénitude
qui met l'âme dans l'impuissance de rien recevoir de ce qui lui est donné hors du dedans..... Je vis, par la grâce de Dieu et par la
force de son opération, dans un état de consommation continuelle et pour le corps et
pour l'âme ; je sens un être divin qui domine
tous mes mouvements. Ma lumière, mon occupation, c'est Dieu ; je ne sais plus rien autre.
La vue continuelle de ce que Dieu est porte
dans l'âme une pureté qui la dispose, d'un
moment à l'autre, à une augmentation de
connaissance et d'amour ; ces grâces portent

avec elles je ne sais quel feu qui purifie sans cesse le fond dans lequel elles doivent être reçues (1). »

Ces dernières lignes nous montrent comment le ravissement de la volonté accompagne souvent le ravissement de l'intelligence. «Ces deux facultés, dit saint François de Sales, s'entre-communiquent leurs ravissements, le regard de la beauté nous la faisant regarder, et l'amour nous la faisant aimer (2). » Voilà bien ce qui paraît en la Sœur Anne-Madeleine. Tandis que l'œil de son intelligence fixe avec fermeté d'ineffables splendeurs, son âme, tressaillant sous l'attouchement divin, goûte une suavité qui la délecte et qui l'assouvit. Mais, ô merveille ! parce que cette épouse de Jésus est en même temps la victime de son Cœur sacré, il convient que le sacrifice se poursuive. Et n'est-ce pas là le spectacle qu'il nous est donné de contempler ? Anne-Madeleine est toujours attachée à l'autel, et là, sous la main de son divin Sacrificateur, elle subit une admirable consommation de tout son être à la gloire de la Trinité sainte. Une cer-

_____

(1) *Compte de conscience.*
(2) *Traité de l'amour de Dieu,* liv. VII, c. 5.

taine destruction et une certaine transformation de la victime en l'honneur du Très-Haut,
telle est précisément l'essence du sacrifice.
On l'a pu voir sur le Calvaire, lorsque Jésus-
Christ, Pontife suprême de la loi de grâce, y
a immolé la grande victime du sacrifice unique et véritable, c'est-à-dire son corps sacré,
qui fut anéanti dans la Passion, consumé par
le feu de l'Esprit-Saint et dépouillé d'une vie
sujette aux infirmités, pour revêtir une vie
nouvelle dans les splendeurs de la résurrec-
tion. Ce sacrifice se reproduit d'une manière
mystique sur les autels de la terre, et s'éter-
nise d'une manière glorieuse sur l'autel élevé
des cieux. Mais dans cette fonction sublime,
le Christ n'offre pas seulement à la Majesté
divine son corps naturel, il lui présente en
outre son corps mystique, c'est-à-dire l'assemblée des élus. Le corps naturel de Jésus et son
corps mystique forment ensemble la victime
totale, qu'il sacrifiera éternellement à son
Père sur l'autel sublime des cieux. Dès ici-bas
le sacrifice commence. Par l'opération de la
grâce, notre vie terrestre est mortifiée et dé-
truite en quelque sorte, pour faire place en
nous à une vie plus haute, qui est une parti-

cipation à la vie théandrique de Jésus. Nous
subissons comme une combustion de notre
être par le feu du ciel, c’est-à-dire par le feu
de l’amour sacré. Et finalement, quand la
mort arrive, c’est une destruction complète,
c’est une transformation véritable : nous som-
immolés à la gloire de notre grand Dieu. Or,
quand tous les élus auront passé par la flamme
de cet holocauste, quand la fin des choses sera
venue, le corps mystique du Christ aura atteint le nombre prédestiné, et l’offrande que
ce divin Pontife doit présenter à son Père sera
parfaite. Alors nous serons pour toujours
réunis à notre Chef dans la lumière des cieux;
alors nous serons comme enchâssés dans son
vêtement sacerdotal, figuré déjà dans l’ancienne loi par la robe du grand-prêtre, où
étaient représentées les douze tribus d’Israël,
c’est-à-dire l’universalité des âmes (1). Sous
cette robe triomphale de son sacerdoce, le
Cœur du souverain Sacrificateur battra éternellement, la soulevant, dans ses élans d’amour,
vers le trône auguste de l’adorable Trinité.

(1) V. *Marie· et le sacerdoce*, c. 8 et 9, où ces pensées
sont développées longuement, avec les textes de l’Écriture
et des Pères à l’appui.

Il est nécessaire d'avoir ces belles vérités présentes à la pensée quand on étudie les opérations de Jésus sur les âmes qu'il a choisies pour ses victimes. Voici que le divin Maître, apparaissant comme un glorieux Pontife, s'apprête à consumer sa généreuse épouse dans les flammes de son amour. Anne-Madeleine va recevoir une grâce sublime qui la rapprochera des Catherine de Sienne, des Thérèse et des Marguerite-Marie. Laissons la parole à cette âme favorisée : « Il m'a semblé, dit-elle, que mon être allait se perdre et s'anéantir pour faire place à l'être nouveau que Dieu formait en moi. Pendant cette jouissance de Dieu même, mon âme a été comme séparée de mon corps ; j'ai compris que, lorsque Dieu montre à sa créatune quelque chose de son essence, Il commence par la mettre au-dessus de l'humanité, afin que la lumière pénètre avec moins d'obstacles et qu'elle soit reçue dans toute sa plénitude. Je ne puis en dire les effets pour l'intérieur, mais il a plu à Dieu d'y ajouter une preuve sensible de son amour. Il m'a semblé que Notre-Seigneur Jésus-Christ se présentait à moi, et que m'enlevant mon cœur, Il le mettait dans

le sien qui m'a paru une fournaise ardente,
où mon cœur s'est trouvé en un instant changé
en feu. Après quoi, ayant remis mon cœur à
sa place naturelle, j'ai éprouvé les mêmes
douleurs qu'on sent quand le fer et le feu sont
appliqués à quelque partie du corps, avec
cette différence que l'opération douloureuse
était accompagnée de douceurs que je ne puis
exprimer (1). »

Ce fut le jour de la Présentation de la
Sainte-Vierge, probablement de l'année 1729,
que cette faveur insigne fut accordée à la
pieuse visitandine. Celle-ci nous parle de
l'ardeur qui la dévora au moment où son
cœur, placé un instant dans le Cœur de son
Époux, lui fut rendu tout brûlant; mais elle
omet de nous apprendre que les flammes de
l'amour divin, rompant alors les parois de sa
poitrine, s'en échappèrent par une ouverture
en forme de cœur, et que cette plaie, en se
fermant, laissa une cicatrice visible jusqu'a-
près sa mort. Ce secret, elle ne l'a confié qu'à
ses supérieurs, mais la tradition du monastère nous l'a transmis, et la visite des pré-

______

(1) *Compte de conscience.*

cieuses dépouilles de la Sœur l'a confirmé (1).
N'était-ce point un beau dessein de la Providence, que l'apôtre du Cœur blessé de
Jésus vit blesser son propre cœur et portât
sur sa poitrine l'image de l'adorable plaie de
son modèle ?

Mais écoutons encore la Sœur racontant les
effets merveilleux de ces dernières grâces.
C'est le chant du cygne de cette grande
âme : « Les mystères les plus cachés m'ont
paru n'avoir plus rien d'obscur ; ils m'ont été
montrés dans un jour duquel l'ombre du
doute n'oserait approcher. Je sens un feu qui
pénètre jusqu'à la moelle de mes os et qui me
fait souffrir d'une manière que Dieu seul sait.
Ce feu porte à l'âme une augmentation de
connaissance et d'amour. D'un instant à
l'autre il lui est donné par ce feu de nouveaux
biens et des lumières plus pures sur ce que
Dieu est..... Le feu dont Dieu me brûle est
si violent, qu'il me semble que l'application
du feu naturel ne serait rien en comparaison
de ce que je souffre. Dieu semble depuis
quelque temps, mon Révérend Père, faire

(1) *Vie*, etc., c. 11.

couler dans mon cœur, dans toutes les puissances de mon âme, un principe divin qui les élève, les applique et les dilate pour les rendre capables des biens qu'Il daigne y verser. Ces biens ne perdent rien de leur pureté pour être mis dans un fond capable de les corrompre; ils demeurent toujours, par la bonté infinie de Dieu, ce qu'ils sont lorsqu'ils sortent de son sein et, par l'hommage que la créature lui en rend, ils retournent à Lui de même qu'ils en sont sortis. Dieu a daigné introduire ce rien criminel dans son sein adorable pour lui communiquer ce qu'Il possède en Lui-même, afin que, par cette espèce de divinisation, il pût se former en moi une gloire proportionnée. Les richesses sont venues fondre sur mon âme comme un déluge ou un torrent qui emporte toutes les digues et que rien ne peut arrêter ; il n'y a eu cependant ni efforts ni violence. Le passage étant ouvert et les obstacles levés, tout se fait en paix, au lieu qu'auparavant les lumières semblaient produire les ténèbres dans notre âme, à cause de sa faiblesse et de ce qu'il y avait encore à purifier ; elle se trouve à présent en état de soutenir, en quelque manière,

le poids de la majesté de Dieu et l'éclat de sa
gloire, non plus par des lumières de foi, mais
par une clarté qui l'a mise dans une espèce
de possession de cette vue de Dieu qui est plus
pour le ciel, en quelque sorte, que pour la
terre. . . . . . . . . . . . Ce qui me jette dans
l'étonnement, c'est une occupation de Dieu
dans le fond de l'âme que les impressions du
dehors n'arrêtent ni ne retardent point. Il
n'est pas même possible que le fond ainsi
rempli puisse rien recevoir de ce qui se passe
à l'extérieur pour s'en occuper ni même pour
le regarder. C'est là que Dieu s'explique, non
plus par des paroles qui semblent sortir de
Lui, mais par une connaissance puisée dans
son sein et qui est Lui-même.

« La lumière qui vient de la parole montre ce qu'il faut faire, et celle-ci, non-seulement le montre, mais l'exécute d'une manière digne de Dieu. Il y a quelques jours
qu'étant au parloir, je fus saisie tout à coup,
mais j'eus assez de liberté pour éviter qu'il
ne parût rien de ce qui se passait au dedans ;
on s'aperçut seulement que j'avais peine à
répondre et à fixer mon attention à ce qu'on
me disait. Je me fis une telle violence pour

me contenir, que j'en eus le corps tout brisé ; encore fus-je obligée de me retirer. Si cela continue, mon Révérend Père, il faudra mourir ; mais la belle mort ! Il ne m'est pas possible de résister à la force de l'opération ; elle me réduit à l'état d'une personne qui n'a plus qu'un souffle de vie. Quelque part qu'elle me saisisse il faut me rendre sans pouvoir en prévenir les effets extérieurs. L'autre jour, au moment où le prêtre me donnait la Sainte Hostie, je reçus une connaissance très-vive des complaisances que les trois Personnes de la Sainte Trinité daignent prendre dans mon âme, en lui manifestant les richesses immenses qu'elles possèdent dans leur unité. . .

. . . . . Il n'y eut pas moyen de me tirer de la grille de la communion ; heureusement il n'y avait personne qui me suivît pour communier, mais toute la communion était au chœur. Je fus en cet état près d'une heure, et l'impression de cette grâce dura presque tout le jour, de même que l'épuisement où elle me réduisit. C'est ainsi que Dieu se découvre à sa créature ! Mais, dites-moi, mon Père, que lui ai-je fait pour se montrer ainsi à moi ? ou que faut-il que je fasse ? . . . Que ne puis-je

lui attirer tous les cœurs ! Je me suis trouvée
investie et pénétrée de la gloire de Dieu, qui
m'a introduite dans la connaissance par laquelle Il se connaît et dans l'amour par lequel
Il s'aime. J'ai compris, mais au-delà de tout
ce qu'on peut exprimer, que les trois adorables Personnes de la Très-Sainte Trinité
opéraient en moi toutes choses nouvelles et
contractaient avec moi une alliance d'amour
et de miséricorde. Je ne puis pas savoir combien ces vues et ces impressions ont duré; ce
que je sais, c'est que les sens n'y ont pas eu
de part. Tout a été accompagné de si grandes
clartés et de tant de certitude, qu'il ne me
serait pas possible de former le moindre
doute sur la vérité des choses qui m'ont été
communiquées. Dieu m'a fait voir dans sa
miséricorde et goûter les propriétés de sa
bonté, de sa puissance, de sa sagesse, de sa
gloire et de ses autres divines parfections.
C'est un abîme de délices d'autant plus
grandes et plus excellentes qu'elles se trouvent renfermées dans la simple et seule vue,
si je puis m'exprimer ainsi, de l'essence de
Dieu. . . . . . . Dieu me fait quelquefois participer, écrivait-elle encore, à la gloire que les

anges trouvent en Lui. Cette participation a
été plus abondante cette année le jour de leur
fête. Il me semblait qu'une lumière commune
nous faisait puiser dans le même sein, et me
tenait ravie avec eux dans l'objet de leur
gloire et de leur amour. Les anges tutélaires
de nos Sœurs se rendirent plus présents à
moi qu'elles ne l'étaient à elles-mêmes, mais
d'une présence toute spirituelle qui ne laissa
pas de me tenir tout le jour comme une personne absorbée dans un torrent de délices (1). »

Dans un autre ravisseuent, Notre-Seigneur
Jésus-Christ daigna manifester à la Sœur
Anne-Madeleine les richesses de son Sang et
l'application qui s'en fait aux âmes. Voici
comment la pieuse visitandine nous retrace
cette vision : « Commençant mon oraison,
dit-elle, je sentis que Dieu attirait à soi toutes
les puissances de mon âme ; mes sens étaient
presque sans vie et hors d'état de recevoir
aucune impression de ce qui se passait au
dehors. Alors je vis, par une vue purement
spirituelle, Notre-Seigneur Jésus-Christ qui

______

(1) *Compte de conscience.*

daignait se montrer à moi dans son humanité et, me présentant son Cœur, Il me permettait d'en découvrir les secrets et pénétrer les mystères ; il sortait de ce Cœur une
grande abondance de sang qui se répandait
sur moi et sur mes actions qui, par la vertu
de ce sang, n'avaient plus rien de défectueux
aux yeux de Dieu. Quelque frappante que fût
cette vue, je n'étais occupée, ce me semble,
que des richesses de la divinité qui résidait
dans le Cœur adorable de mon Sauveur. Il
me découvrit ses miséricordes sur mon âme
et sur un nombre de personnes pour lesquelles Il veut que je le prie.

« Je le conjurai de répandre ce Sang sur
toutes les personnes pour lesquelles Il me faisait le prier ; mais de toutes celles que je lui
présentai, il n'y en eut qu'une seule qui reçut
toute la mesure qu'Il voulait leur en donner.
Je conçus les différentes oppositions qu'il y
avait dans ces âmes à recevoir cette mesure,
et Dieu semblait alors se former en moi la
gloire qu'elles lui refusaient. Depuis ce temps-
là, il me semble que je n'agis plus que par
un principe divin qui domine sur tous mes
mouvements, qui les règle, les applique et

m'avertit de mes devoirs extérieurs, sans qu'il soit besoin d'y apporter mon application.

« Le même objet, rapportait-elle un peu après, s'est présenté à moi une seconde fois d'une manière encore plus claire et mieux marquée; mais au lieu que la première fois le Sang de mon Sauveur Jésus avait été répandu sur moi et sur mes actions, il m'a été permis cette fois de puiser moi-même dans ce Sang adorable la lumière, la force et la vie de Dieu même. Les trois Personnes divines ont daigné contracter avec moi une alliance nouvelle et éternelle : j'ai été comme plongée dans la gloire qui environne le trône de la majesté de Dieu, et j'ai entendu les esprits bienheureux m'adresser ces paroles : Heureux sont les yeux qui voient ce que vous voyez ! J'ai reçu, de plus, une assurance que je ne perdrais rien de cette vie, de cette lumière et de cette occupation que Notre-Seigneur me faisait puiser dans son Sang, quelque disposition que l'obéissance fît de moi à l'extérieur (1). »

_______________

(1) *Compte de conscience.*

La Sœur Anne-Madeleine eut un dernier
point de ressemblance avec son divin Maître :
il lui fut donné de consommer son sacrifice à
trente-trois ans. Elle n'avait cessé de dire,
dès son entrée au monastère qu'elle mourrait à cet âge, mais ses compagnes n'avaient
attaché aucune importance à ces paroles. Il
n'en fut plus de même lorsque, dans les premiers jours de sa trente-troisième année, au
milieu d'une récréation, on la vit, soudain,
toute ravie en Dieu, s'écrier, dans un saint
transport : « Je mourrai cette année......
Mourir à trente-trois ans, oh ! que cela est
beau (1). »

Cette parole jeta l'alarme dans le monastère.
Elle parut se vérifier bientôt après, quand la
fièvre saisit la Sœur Rémusat et la mit en
danger. Tandis que cette belle âme voyait
approcher avec sérénité le moment de la
consommation, autour d'elle ce n'était que
larmes et que prières. Dieu se laissa toucher
à la vue d'une douleur si profonde ; il daigna
retarder un peu l'heure du sacrifice, et bientôt la Sœur Anne-Madeleine, entrée en con-

(1) *Vie*, etc., c. 12.

valescence, put écrire les lignes suivantes à son directeur, le Père Girard : « Je n'ai aucun désir, mon Révérend Père, ni pour la vie ni pour la mort; ce n'est qu'à certains moments, qui ne font que passer, qu'il me semble que ce serait pour moi une grande consolation, si ma trente-troisième année, que je ne fais que de commencer, pouvait être toute consommée dans la douleur et finir toutes celles de ma vie ! Mais je ne m'arrête pas à cette pensée, et je ne refuserai pas le travail, tant qu'il plaira à Notre-Seigneur, quelque long et pénible qu'il puisse être (1). »

Quelle ne fut point la joie des vénérables religieuses du monastère quand elles virent leur Sœur bien-aimée, relevée de cette maladie alarmante, se livrer comme auparavant aux occupations multiples de sa charge ! Combien elles bénirent Dieu de ce qu'il conservait à leur amour celle qui était devenue pour toutes un modèle des vertus religieuses, et une image vivante du Cœur doux et humble de Jésus-Christ ! Hélas ! leur allégresse fut de courte durée. Tandis qu'on croyait la Sœur

_______________

(1) *Vie*, etc., c. 12.

Anne-Madeleine pleine de vigueur, elle sentait au contraire que ses forces s'épuisaient. « Pourquoi, ma bien chère Sœur, m'avez-vous fait un habit neuf ? dit-elle un jour à la Sœur robière qui lui remettait une robe neuve ; je ne l'userai pas, et d'autres auront peut-être de la peine à s'en servir quand je l'aurai portée. » A une autre Sœur, à qui on venait de la donner pour aide spirituelle, elle dit encore ces mots : « Ah ! ma pauvre Sœur, vous perdrez bientôt votre aide. » Elle passait alors par des excès de souffrances et de consolations divines qui minaient son pauvre corps. Comme autrefois sainte Thérèse, elle ne pouvait parler ni entendre parler de Dieu sans subir un assaut d'amour qu'elle était impuissante à contenir. Et, néanmoins, de quoi eut-elle parlé, et de quoi eut-on parlé devant elle, sinon du Cœur sacré qu'elle aimait ? Aussi se vit-elle obligée plus d'une fois de quitter le réfectoire ou la salle des assemblées, pour donner un libre cours à ses larmes et apaiser son cœur. « Je ne crois pas, disait-elle un jour, pouvoir soutenir plus longtemps de tels assauts. Il en sera d'ailleurs tout ce que Dieu voudra. »

A ces pressentiments d'une fin prochaine,
Jésus joignait de fréquentes assurances de la
gloire qu'il réservait à son épouse bien-aimée :
« Les assurances que Dieu me donne de la
gloire qu'Il me réserve dans le ciel, écrivait
celle-ci, sont toujours plus fréquentes et plus
parfaites. Il m'a fait voir et goûter dans sa
miséricorde les propriétés de sa bonté, de sa
puissance, de sa sagesse, de sa gloire et de ses
autres divines perfections ; c'est un abîme de
délices d'autant plus grandes et plus excellentes, qu'elles se trouvent renfermées dans
la simple et seule vue de l'essence de Dieu. »

Voici enfin les dernières lignes tracées de
la main de cette vénérée Sœur, et adressées à
son directeur de conscience. Nous y verrons
combien la vie divine était devenue sa vie :
« Que Dieu est admirable dans la conduite
qu'Il tient sur moi ! Que ses miséricordes sont
infinies sur un néant criminel ! Je vis, par la
force de son opération, dans un état de consommation continuelle et pour le corps et
pour l'âme. Je sens, mon Révérend Père, un
Être divin qui domine sur tous mes sens et
mes mouvements, qui les règle, qui les applique, sans que je comprenne comment, ni qu'il

me soit laissé aucun désir de le savoir. Ma lu-
·mière, mon occupation, ma vie, c'est Dieu ; je
ne sais plus rien autre.

» Il me semble, à certains moments, qu'il y
a bien à souffrir ; mais, pour l'ordinaire, je ne
vois ni la souffrance ni la jouissance. Tout ob-
et distinct paraît absorbé par la vue continuelle que Dieu me donne de ce qu'Il est. Cette
vue porte dans l'âme une grande pureté, et
la dispose d'un moment à l'autre à une augmentation de connaissance et d'amour, qui
n'est pas même interrompue par un nombre
d'infidélités que Dieu prend soin de purifier
dans le moment par la lumière qu'Il m'en
donne et par la douleur qui en est l'effet. Je
découvre tous les jours, mon Très-Révérend
Père, ce que vous me marquez, qu'il y a encore bien à donner, et qu'il y a encore plus à
recevoir. Il faut vivre, dites-vous, pour cela ;
à la bonne heure ! Mais conjurez Notre-Seigneur de se hâter de finir son ouvrage, et qu'Il
ne permette pas que je l'arrête d'un seul instant (1). »

Il était achevé, l'ouvrage auquel la Sœur

_______

(1) *Compte de conscience*; *Vie*, etc., c. 13.

Anne-Madeleine faisait allusion. L'épouse de l'Agneau s'était préparée et l'heure des noces éternelles était venue (1). Un crachement de sang survenu vers la fin de janvier de l'année 1730, et qui laissa la Sœur presque sans vie, fut le signal du rappel. A la première nouvelle de cet accident, la Mère Nogaret accourut pour prodiguer les premiers soins à sa fille spirituelle. On transporta celle-ci à l'infirmerie, dirigée alors par la sœur aînée de la malade, Anne-Victoire Rémusat. Quel déchirement pour tous les cœurs! Mais on se flattait encore de conjurer le mal, et le médecin, n'apercevant aucun mauvais symptôme, fortifiait les espérances de cette famille religieuse éplorée. Dieu même sembla bénir les tendres soins qu'on prodiguait à sa servante, car le dimanche dans l'octave de saint François de Sales, Anne-Madeleine recouvra assez de forces pour se lever et même pour se rendre à la chapelle. Mais le froid l'ayant saisie, un rhume violent se déclara la nuit suivante. Le médecin, appelé de nouveau, persista à dire que le mal n'offrait rien d'alarmant. Néanmoins, la

(2) Apoc., xix, 7.

malade se montrait assurée de sa fin prochaine, et elle parlait dans ce sens à sa mère et à ses sœurs, qui se disputaient le bonheur de la voir, de l'entendre et de recevoir ses dernières exhortations.

Le divin Époux, qui possédait si pleinement cette vierge bien-aimée, voulut la laisser sur la croix durant ces moments précieux, afin qu'elle remplît jusqu'au dernier soupir sa glorieuse mission de victime. Il permit donc que les ténèbres environnassent ses puissances intérieures, et qu'elle fût privée ainsi de la joie qu'aurait dû produire en elle la vue de sa prochaine délivrance. A ces peines morales il faut ajouter les douleurs aigües du corps, que le dépérissement même de ses forces ne calma point. La fièvre qui la consumait, jointe à l'ardeur de son amour, alluma en elle comme un feu dévorant. Mais son visage demeurait paisible comme un ciel serein, et tandis que ses Sœurs arrosaient de leurs larmes ce lit de douleur, elle disait à la vénérable supérieure ces belles paroles, qui la peignent tout entière : « Je n'aurais pas cru, ma bien bonne Mère, que le bon Dieu me fît une telle grâce de me laisser ainsi jusqu'à la fin dans la pure souffrance. Oui, tout est crucifié en moi! Je souffre, ma bien-aimée Mère, au-delà de tout ce que je pourrais vous dire. Priez, je vous en supplie, afin que je corresponde à cette grâce (1). »

Voici cependant la mort qui approche. Ici nous voulons céder la parole à celle qui a rédigé la dernière histoire de la Sœur Anne-Madeleine, et que nous avons fidèlement suivie dans nos récits. Pourrions-nous présenter nous-même aux lecteurs un tableau plus touchant que celui qu'elle nous a laissé? Écrivant dans le monastère qui a abrité cette grande âme et recueillant pieusement les traditions qui s'y conservent, elle nous a donné une relation fidèle de ses dernières heures, et en la lisant, nous croyons respirer le parfum que répand une sainte à son dernier jour.

« Le 14 février, raconte-t-elle, comme la Sœur Anne-Madeleine se sentait défaillir, elle pria la Mère Nogaret de faire appeler le Révérend Père Recteur de la Compagnie de Jésus, auquel elle avait une parfaite confiance. Dès qu'il l'eut abordée, elle lui demanda de vouloir

_______

(1) *Vie,* etc., c. 13.

bien recevoir une accusation générale de toute sa vie. Le Père, qui connaissait à fond toute la pureté de cette âme, car il la confessait fréquemment, s'y refusa d'abord, lui alléguant l'oppression qui la fatiguait ; mais notre Sœur chérie, retrouvant toute son énergie, lui dit avec une force mêlée de respect : — Ah ! mon Père, Dieu est juste, et je suis une pécheresse ! Il le demande de moi, croyez-le. Le Révérend Père, ne voulant pas la contrister, consentit à ses désirs et admira, en l'entendant, le calme de son âme, l'exactitude et la précision avec lesquelles elle s'exprima. Après avoir reçu l'absolution, elle demeura tout abîmée en Dieu pendant un assez long espace de temps. Le Révérend Père Recteur, frappé et ému d'un spectacle si consolant, demeurait immobile à son tour, n'osant interrompre les sacrées et solennelles communications du céleste Époux aux approches du moment suprême. Quand il la vit revenue à elle, il s'en approcha pour lui demander ce qui l'avait occupée pendant ce recueillement : — Ah ! mon Père, lui répondit-elle le visage tout enflammé, que les miséricordes de Dieu sont grandes ! Parlez-moi du Cœur de Jésus..... Le Père n'eut pas de peine à se rendre à sa demande ; son propre cœur était trop plein pour ne pas sentir le besoin de se répandre. Après avoir ainsi satisfait les désirs de la sainte mourante, comme la nuit approchait, il la bénit et se retira, lui promettant de revenir le lendemain de bon matin.

» Il est à remarquer que notre Sœur Anne-Madeleine n'avait jamais cessé, dès son enfance, d'être dirigée par les religieux de la Compagnie de Jésus. A son entrée au premier monastère, elle eut la consolation de voir ses supérieures partager toujours pour eux sa confiance sans bornes et sa profonde estime. Ces excellents Pères l'aidaient encore puissamment à propager la dévotion au Sacré-Cœur de Jésus, et Dieu lui fit la grâce d'en être assistée jusqu'à ses derniers moments. Notre vertueuse mourante n'avait point encore reçu les derniers sacrements ; vers minuit, comme ses forces l'abandonnaient tout à fait, elle dit avec beaucoup de calme à sa sœur, notre chère infirmière : — Ma sœur, je me sens mourir..... ; qu'on m'apporte au plus tôt les divins sacrements !

» On jugea pourtant devoir attendre jus-

qu'au matin. Dans cet intervalle, il lui échappa
quelques paroles qui semblaient annoncer la
crainte des jugements de Dieu; mais bientôt
la sérénité et la douce joie même répandues
sur son visage témoignèrent que l'amour
l'avait emporté sur la crainte. Comme elle vit
les sœurs qui l'entouraient répandre beaucoup de larmes, elle leur dit : — Ne pleu-
rez pas, je vous en prie; il faut, mes chères
sœurs, ne songer qu'à se soumettre avec
amour à la volonté de notre Dieu. La sœur qui
lui avait été donnée pour aide à l'économat, et
qui l'affectionnait tout particulièrement, s'é-
tant approchée de son lit, lui demanda de ne
pas l'oublier devant Dieu. — Comment pour-
rais-je vous oublier, ma bien-aimée sœur, lui
répondit-elle de la manière la plus touchante,
vous à qui j'ai tant d'obligations?

» Cependant le foyer d'amour qui la consumait devenait plus ardent d'un instant à l'autre, à mesure qu'elle approchait du terme, et,
ne pouvant plus contenir les assauts qui lui
étaient livrés, elle laissait échapper des paroles brûlantes et d'ineffables transports en entrevoyant l'Époux qui arrivait vers elle, franchissant l'espace et traversant en toute hâte

les collines. Il était quatre heures du matin
lorsque notre sainte mourante continuant à
baisser de plus en plus, on s'empressa, sur sa
nouvelle demande, de lui administrer le Saint
Viatique. A la vue du Bien-Aimé de son âme,
ravie hors d'elle-même, on l'entendait s'écrier :
— Est-il donc bien vrai que ce soit ici l'heureux moment où je vais m'abîmer dans le
Sacré-Cœur de Jésus? Je ne suis qu'une pécheresse, mais j'espère qu'il me fera miséricorde !

» Se retournant ensuite vers nos sœurs, elle
leur dit : — Réjouissez-vous, mes bien-aimées
sœurs, de mon bonheur ; le règne du péché va
être détruit en moi ! Puis elle renouvela ses
vœux, selon notre usage, après avoir humblement demandé pardon à la communauté de
ses prétendus mauvais exemples, et à la supérieure de son défaut de soumission, elle qui
avait toujours été la meilleure des filles et la
plus exemplaire des sœurs ! L'attendrissement
fut général et la douleur fut inexprimable.
Quand elle eut reçu la divine hostie, son cœur
embrasé éclata en transports d'amour jusqu'à
ce que son âme, s'en détachant, allât s'abîmer
dans le foyer de la charité éternelle, le Cœur

adorable de Jésus. Il était cinq heures du matin quand elle expira. Nos sœurs, agenouillées autour de ses dépouilles mortelles, récitaient, selon sa recommandation, les litanies du Sacré-Cœur de Jésus, sans pouvoir se lasser de contempler ce visage qui reflétait déjà les joies éternelles ; et, malgré le déchirement des cœurs, un souffle de béatitude semblait s'être répandu dans tout l'intérieur du monastère. C'était le 15 février 1730 (1). »

Ainsi mourut la Sœur Anne-Madeleine Rémusat. Elle s'envola au ciel dans la trente-troisième année de son âge, et dans sa dix-huitième année de religion. A peine avait-elle fermé les yeux, qu'on envoya la funèbre nouvelle à Mgr de Belzunce. Le pieux évêque accourut aussitôt auprès du lit de mort de sa fille, et il offrit la sainte messe dans l'église du monastère pour le repos de cette âme si chère. L'après-midi il revint encore, à la tête de son chapitre, afin de célébrer les obsèques solennelles. Touchant spectacle que celui de ce saint prélat, répandant les bénédictions de l'Église sur la dépouille de celle qui avait été

(1) *Vie*, etc., c. 13.

l’instrument principal du salut de son peuple, et qui avait obtenu à sa ville épiscopale l’honneur d’être consacrée la première au Cœur bien-aimé de Jésus-Christ!

Étendue devant l’autel, la défunte était comme enveloppée de la douce majesté d’une épouse de Jésus-Christ, immolée avec son Maître sur l’autel de la croix. La destruction finale qui consomme le sacrifice, est une action qui honore souverainement la Divinité. Véritable épouse de l’Agneau immolé, Anne-Madeleine l’avait subie avec amour, elle s’était complue dans cet anéantissement par lequel elle confessait l’Être infini, dans cet holocauste qu’elle offrait au Cœur de Jésus, comme un hommage de son cœur brûlant. Et voilà que dans la mort, son visage reflétait un rayon de la lumière béatifique, tandis qu’il s’élevait de sa dépouille sacrée comme un parfum, le parfum du sacrifice. (1) Sans doute ce parfum montait jusqu’au Cœur du Christ, caché là dans son tabernacle, et le consolait de l’ingratitude et des crimes des hommes. Est-ce qu’elle ne respirait pas non plus cette odeur de suavité,

______

(1) Gen., viii, 21 ; I Reg., xxvi, 19.

la foule pieuse qui se pressait devant la grille du sanctuaire, avide de contempler les traits de la noble victime, et de faire toucher à sa dépouille sacrée des chapelets, des croix, des médailles? Pour satisfaire à la dévotion de cette foule, Mgr de Belzunce daigna lui permettre l'entrée de la clôture. La porte une fois ouverte, elle se précipita dans le chœur, et l'on eut grand'peine à se faire jour pour descendre le cercueil dans la tombe. Il fallut ensuite montrer la cellule que la Sœur avait habitée; en un instant tout ce qui s'y trouvait fut enlevé : crucifix, sentences, images, rien n'échappa à ce pillage pieux. Cependant Marseille tout entière s'émouvait à l'annonce de la perte irréparable qu'elle venait de subir, et partout retentissait cette parole : « La sainte est morte! » (1).

On avait retiré à la hâte, avant les obsèques, le cœur de la défunte. Cette circonstance obligea les chirurgiens à descendre dans le caveau trois jours après l'enterrement, pour la suture de l'ouverture. A leur grand éton-

(1) Circulaire du premier monastère de la Visitation de Marseille, du 15 février 1730; Lettre de Mgr de Belzunce, déjà citée; *Vie*, etc., c. 13.

nement, ils aperçurent sur le visage une teinte
de couleur vermeille, sans aucun changement
dans les traits. Les yeux étaient vifs, les pau-
pières sans flétrissures, et tous les membres
du corps d'une extrême souplesse. Ils tirèrent
aussi du bras quelques gouttes d'un sang pur,
liquide et rouge. Quant à la poitrine, on y
trouva, dessinée en une teinte vermeille, la
forme d'un cœur large comme la paume de la
main d'un petit enfant. Les médecins l'ayant
examinée, attestèrent que cette marque était
infailliblement surnaturelle. C'était là la trace
miraculeuse de la grâce insigne que le Sacré-
Cœur avait faite à sa fidèle zélatrice, en la
blessant des traits de son amour. Cette blessure sacrée avait causé aussi sur la poitrine
une élévation qui s'abattit à l'heure de la
mort. Enfin l'on découvrit encore sur le bras
de la défunte les traces d'un cœur qu'elle s'y
était imprimé onze ans auparavant, et ce
cœur était un peu relevé, dur et blanc. Décoré
de ces nobles plaies, le corps de la Sœur Anne-
Madeleine reposa longtemps dans la crypte
de l'ancienne Visitation. A la suite des pillages
du siècle dernier, il fut transporté, mêlé à
d'autres dépouilles, au cimetière de Saint-

Charles, dans la sépulture des visitandines de Marseille. Mais son cœur, encore intacte après un siècle et demi, est conservé dans le nouveau premier monastère de Marseille, comme une précieuse relique (1).

Dans la belle lettre qu'il écrivait au sujet de sa fille spirituelle, |Mgr de Belzunce s'exprimait en ces termes : « Ce qui est notoire à Marseille, c'est que les idées qu'on y a eues de la Sœur Rémusat n'y ont point changé, qu'elles sont toujours les mêmes ; que sa mémoire y est toujours dans la même vénération; que ceux qui l'ont connue, qui ont conversé avec elle, à qui elle a donné des conseils dans l'affaire du salut, s'en souviennent avec complaisance ; que ceux qui se flattent d'avoir eu quelque part dans son amitié et dans sa confiance, se glorifient et se félicitent avec raison d'avoir dans le Ciel une amie, sur la protection de qui ils peuvent compter ; que bien des personnes, et surtout dans sa communanté, gardent avec respect, et comme de précieuses reliques, ce qui a servi à son usage, lui adressant des vœux et vont à son tombeau implorer son secours

(1) Circulaire citée plus haut; *Vie*, etc., c. 14.

auprès du Sacré-Cœur de Jésus (1). » Le témoignage du plus grand des évêques de Marseille après saint Lazare, est le splendide couronnement et la magnifique confirmation des
louanges qui éclatèrent en cette ville en l'honneur de la Sœur Anne-Madeleine. En vain
celle-ci fût-elle enveloppée dans les attaques
injustes auxquelles fut en butte son dernier directeur de conscience, le Père Girard. En vain
les Jansénistes dans leur fureur la traitèrent-ils
de fille stigmatisée, ensorcelée, sujette aux
obsessions, et coupable de sortilége. En vain
ces hérétiques obstinés signalèrent-ils ses lettres et ses autres écrits comme contenant non-
seulement les erreurs du quiétisme, mais encore des mystères d'iniquité (2). Tandis que
ces atroces calomnies étaient vomies par l'enfer, la prière humble et confiante s'élevait sur
la tombe de l'apôtre du Sacré-Cœur, et la
gloire de cette généreuse vierge de Jésus-Christ
commençait à apparaître. Dieu faisait des prodiges sur cette tombe. Une visitandine malade
retenue au lit, apprenait la mort de sa sœur

______

(1) Lettre à la Mère de Gréard.
(2) Lettre de Mgr de Belzunce, déjà citée.

spirituelle par une lumière qui soudain éclairait sa cellule, et par l'impression d'un mystérieux embrassement. Une autre en était instruite par des paroles intérieures, et par une promesse d'assistance que la Sœur Anne-Madeleine semblait déposer au fond de son cœur, en s'envolant vers les cieux. D'autres recevaient par son intercession des grâces spirituelles et temporelles. Un malade avait le bonheur de l'entrevoir enveloppée des splendeurs du ciel, offrant à Dieu le Sacré-Cœur de Jésus avec les mérites de la Vierge Marie, et obtenant pour lui, entre autres faveurs, une prompte guérison. Enfin d'autres âmes, parmi lesquelles un prêtre indigne, se voyaient converties par sa puissante intercession. Ainsi la mémoire de la Sœur Anne-Madeleine était en bénédiction, et son crédit paraissait grand auprès du Cœur de Dieu.

Nous pourrions terminer ici cette histoire, si notre but avait été d'exposer simplement les vertus de la Sœur Anne-Madeleine. Mais, on s'en souvient, nous avons pris à tâche de jeter quelque lumière nouvelle sur sa magnifique mission. Il nous appartient donc encore de décrire sommairement les suites admirables

de cette mission, et de donner ainsi à notre
œuvre le couronnement qu'elle attend.

Oui, la mission providentielle de la Sœur
Anne-Madeleine a eu du retentissement bien
après la mort de celle qui en fut investie, et la
consécration de la ville de Marseille au Cœur
de Jésus, qui en a été la partie culminante, a
produit des effets salutaires, dont l'influence
s'étend fort loin dans l'histoire de la dévotion
au Sacré-Cœur. Toutes proportions gardées,
on peut comparer l'œuvre de la Sœur Anne-
Madeleine à l'arbre planté au milieu de la
place de la ville, qui porte douze fruits, et rend
son fruit chaque mois (1). Cette fécondité toujours croissante avait été prédite par la pieuse
visitandine peu de jours avant sa mort, lorsqu'elle avait annoncé que Dieu réservait au
culte du Sacré-Cœur des accroissements nouveaux, qu'il ne lui serait plus donné de voir.
Conformément à cette parole prophétique,
l'arbre a grandi ; il grandit encore, et il apparaît aujourd'hui à nos regards, chargé de
fruits salutaires aux hommes et à la société.
N'est-il donc pas juste d'attribuer, après Dieu,

______

(1) Apoc., xxii, 2.

à celle qui a planté l'arbre fécond, la gloire
de cette fructification merveilleuse ?

En célébrant les miséricordes du Cœur de
Jésus et le bonheur de Marseille vouée pour
toujours à ce Cœur bien-aimé, Mgr de Belzunce, dans un saint transport, avait dit à son
peuple : « Annoncez votre délivrance et la publiez aux extrémités du monde, publiez la
gloire de votre libérateur parmi les nations,
et ses merveilles parmi tous les peuples chez
qui le commerce vous conduira désormais.
Annoncez-leur que c'est au Sacré-Cœur de
Jésus à qui seul vous devez votre salut, et duquel seul aussi ils doivent attendre leur force
et leur consolation dans toutes leurs tribulations (1). » Ces éloquentes paroles assignaient à
la catholique Marseille sa nouvelle mission.
Jadis, en abordant ces rivages, en leur appor-
tant le présent de la foi du Christ, Lazare, Marie et Marthe avaient montré à l'antique cité
sa vocation providentielle. En ces temps
primitifs, elle devait être non-seulement pour
la Provence, mais encore pour la Gaule entière, un foyer de vie chrétienne. Plus tard,
quand la lumière se fut éteinte dans le Levant,

_________

(1) Mandement du 21 septembre 1722.

quand le candélabre qui luisait dans les églises orientales, eut été déplacé de son lieu (1), quand enfin l'infidélité musulmane, terrible châtiment ! se fût implantée dans cette terre des prodiges et des saints, Marseille fut appelée encore à rendre à celle-ci quelque chose de ce qu'elle en avait reçu, en développant en Orient, par son commerce, toutes les forces vives du christianisme. Mais voici qu'au dix-huitième siècle, sa mission se complète, sa vocation apparaît plus magnifique encore. Henri de Belzunce et Anne-Madeleine, le pontife et la vierge, le successeur de Lazare et l'héritière de Marthe, ceignent le front de la noble cité d'un diadème d'honneur et d'allégresse (2), en lui donnant pour son partage le Cœur sacré de Jésus-Christ. Dès lors Marseille devient par excellence la ville du Sacré-Cœur; obéissant aux pieuses inspirations, je dirais plutôt aux paroles prophétiques de son évêque, elle exalte le Sacré-Cœur dans ses propres murs, elle en répand le culte en Orient, elle conserve un rôle important dans la propagation de cette dévotion en France et ailleurs.

(1) Apoc., ii, 5.
(2) Isa., xxviii, 5.

Un mot d'abord sur l'Orient. On a déjà vu que, par l'influence de la Sœur Anne-Madeleine, une confrérie du Sacré-Cœur avait été établie au Caire, et que la dévotion nouvelle avait été introduite à Constantinople. En 1733, une confrérie fut érigée dans cette capitale, au faubourg de Galata, et il est assez probable qu'elle se composa principalement de négociants marseillais attirés par leurs affaires dans les États du Grand Seigneur. Cet apostolat rayonna dans tout le bassin de la Méditerranée. L'église des Jésuites d'Antoura, dans le Liban, celle des Capucins d'Alep, celle des Maronites de Damas, rallièrent sous la bannière du Cœur de Jésus les chrétiens des différents rites qui se partagent la Syrie, et l'on vit s'accomplir dans cette contrée des prodiges de grâce et de salut (1). N'oublions point que ce furent là les premiers germes de la dévotion au Sacré-Cœur jetés en Orient, où cette dévotion produit à notre époque de si merveilleux fruits.

J'ai dit encore que Marseille ne cessa de glorifier le divin Cœur dans ses murs. Chaque

(1) Le P. Daniel, S.) I., *Hist. de la B. Marguerite-Marie*, c. 29.

année, elle accomplit fidèlement son vœu. Tandis que les peuples apostasiaient le Christ, roi des âmes et roi des sociétés, il y avait dans le monde une ville qui, tous les ans, confessait implicitement cette royauté sainte, par le fait même qu'elle rendait hommage au Cœur de son véritable souverain. Cet hommage-lige fût prêté toujours, même aux époques néfastes des révolutions. Il est vrai, les magistrats de la ville trahirent plus d'une fois le serment de leurs prédécesseurs, mais qu'attendre de ces hommes qui avaient renié l'Église? Ils furent remplacés par des catholiques fervents qui, au nom de de la population fidèle, célébrèrent avec foi la fête du Sacré-Cœur, et acquittèrent ainsi le vœu de leurs pères. Pendant les années de la Terreur, cette fête eut lieu à l'insu de ceux qui brisaient les autels et en massacraient les ministres. L'abbé Reymonet et le chartreux Dom Joseph, entourés des religieuses de la Visitation chassées de leur cloître, parmi lesquelles on distinguait madame de Rémusat, petite-nièce de la Sœur Anne-Madeleine, se réunissaient en secret dans une maison particulière, et y offraient au Cœur de Jésus-

Christ l'amour et le dévouement de ses fidèles Marseillais (1).

Ce fut à partir de l'année 1795, que l'on solennisa de nouveau la fête du Sacré-Cœur dans les églises de la ville, au lieu que la procession votive ne fût rétablie qu'en 1807, sous l'administration de M. d'Anthoine. Depuis lors on observa fidèlement cette fête tous les ans. Néanmoins en 1871, la municipalité marseillaise qui appartenait alors à un parti hostile, refusa d'acquitter les promesses de sa devancière. Mais ils veillaient, les amis du Sacré-Cœur que renferme la catholique cité, ils veillaient, décidés à payer le tribut séculaire de la reconnaissance ! De concert avec les religieuses de la Visitation, ils s'adressent à un comité d'hommes d'élite, associés dans ces tristes conjonctures pour combattre les maux de la situation. Le président de ce comité était M. Deluil-Martiny, une des illustrations du barreau et de la cause catholique. Allié par madame Martiny, née de Solliers, à la famille de la Sœur Anne-Madeleine, il est choisi à ce titre pour représenter les catholi-

______

(1) A. Laforet, la Peste de 1720, dans la *Revue de Marseille de* 1863.

ques de Marseille, et pour offrir en leur nom au Sacré-Cœur, le cierge orné de l'écusson de la ville. Toutes les familles pieuses sont convoquées, et quand le jour de la fête a lui, une affluence inouïe remplit l'église de la Visitation, la cour qui la précède et jusque la rue. M. le vicaire général Fourquier célèbre le saint Sacrifice, et l'on voit s'avancer à l'offrande l'arrière-neveu de la Sœur Rémusat, pour déposer entre les mains du célébrant le cierge traditionnel. Il y eut un nombre considérable de communions, et l'élan pieux de cette foule rappela l'époque de l'institution. Enfin, vers le soir de ce beau jour, la procession votive put se déployer dans les nefs de la cathédrale, et celui qui avait eu l'honneur d'offrir le cierge au nom des Marseillais catholiques, suivit encore le Saint-Sacrement, que tenaient les mains vénérables du successeur de Belzunce. L'évêque de Marseille était entouré de l'élite de ses ouailles, et ce peuple fidèle rendit ce jour-là au Cœur de Jésus-Christ un hommage tel qu'on n'en avait point vu depuis un demi-siècle.

L'année suivante, à la fête du Sacré-Cœur, la municipalité continuant à s'abstenir, ce fut

la chambre de commerce qui acquitta le vœu
Son président, M. Armand, l'un des hommes
les plus distingués et les plus catholiques de
la ville, présenta le cierge au nom de ses concitoyens. L'affluence fut énorme dans la chapelle de la Visitation, et il fallut distribuer la
sainte communion jusque dans la cour du
monastère. C'est ainsi que dans les années
néfastes que vit la France, on observa fidèlement à Marseille le pacte glorieux conclu en
1722. Depuis lors la tradition a été reprise par
la municipalité, et l'on a vu un maire catholique, M. Rabateau, acquitter pieusement envers le Cœur de Jésus les obligations de la ville,
et permettre le déploiement de la procession
votive à travers les rues et les places publiques, aux applaudissements de la cité entière.

Il ne nous reste plus maintenant qu'un mot
à dire sur l'influence qu'a exercée l'œuvre de
la Sœur Anne-Madeleine en France. A la suite
des grands événements de 1722, la fête du
Sacré-Cœur fût chômée et placée au rang des
plus solennelles dans les diocèses d'Aix,
d'Arles et de Toulon, qui ayant été délivrés
des atteintes de la contagion par la protection
du Cœur de Jésus, avaient imité le diocèse

de Marseille. L'exemple de ces antiques et illustres Églises contribua puissamment à ébranler le reste de la France (1). Or, si la France catholique a brisé les glaces du jansénisme, si elle a échappé aux fureurs des révolutions, si elle a rompu les entraves du gallicanisme, si, elle se relève enfin pour reprendre le cours de ses destinées glorieuses, c'est au Sacré-Cœur de Jésus qu'elle le doit! Oui, si l'Église de France brille aujourd'hui par ses pontifes doctes et vaillants, par ses prêtres admirables, par ses courageux missionnaires, par ses vierges ardentes, si elle est le berceau des grandes œuvres catholiques, c'est que l'Église de France est en même temps que le royaume de Marie immaculée, la fille aînée du Cœur de Jésus-Christ! Mais cette dévotion au Sacré-Cœur tant fertile en merveilles, elle a eu pour foyer principal la région comprise entre le diocèse d'Autun et le diocèse de Marseille, entre le tombeau de Lazare et la cathédrale de Lazare, entre la châsse splendide qui renferme la dépouille de la vierge de Paray, et l'humble cercueil qui contient la cendre de sa sœur du Midi. Cela

(1) Le P. Daniel, *Hist. de la B. Marguerite-Marie*, c. 29.

ressort de toute l'histoire de ce culte touchant. Et s'il fallait en donner une preuve entre beaucoup d'autres, nous dirions : Écoutez l'écho prolongé des acclamations qui retentirent à Paray-le-Monial, durant le grand pèlerinage du mois de juin 1873. Marseille, la ville du Sacré-Cœur, fut la première entre toutes les villes de la France et du monde ; elle ouvrit cette marche mémorable, cette marche triomphale ; et ses enfants se distinguèrent entre tous, dans ce rassemblement inouï, portant jusqu'aux nues, avec un indescriptible enthousiasme, le cri de :

VIVE LE SACRÉ-CŒUR !

Pour mettre fin à ce livre, nous ferons hommage à la Sœur Anne-Madeleine d'une œuvre que, par un dessein de Dieu, ses travaux ont contribué sans nul doute à préparer de loin. On le sait, deux grands ordres religieux ont reçu la mission de répandre dans l'univers catholique la dévotion au Sacré-Cœur, et ces deux grands ordres sont la Compagnie de Jésus et la Visitation Sainte-Marie. Ils ont toujours rempli, et remplissent encore avec un zèle admirable, cette précieuse mission. Mais comme le culte du Cœur de Jésus allait recevoir à notre époque un développement immense, la Providence a suscité au commencement du siècle, une autre grande institution, la Société du Sacré-Cœur, dont le but est de communiquer aux âmes, par le moyen de l'éducation et de l'enseignement, les trésors de grâce que renferme ce Cœur infiniment riche. Néanmoins, après cette importante fondation, le nombre des serviteurs et des servantes du Sacré-Cœur n'est pas encore parfait dans la pensée divine, même en y comprenant les âmes qui, dans d'autres congrégations religieuses, dans des confréries, dans des œuvres multiples, le servent et le glorifient. Car il convient sans doute que le divin Cœur soit honoré par Marie aussi bien que par Marthe, et reçoive les hommages de la vie contemplative comme ceux de la vie active (1). Voilà pourquoi, à côté de la grande

(1) La Compagnie de Jésus, la Société du Sacré-Cœur et même la Visitation, à cause de ses pensionnats, sont, à proprement parler, des ordres mixtes, où la vie contemplative est mêlée à la vie active. Selon la doctrine de saint Thomas, la vie purement contemplative a pour objet exclusif la contemplation de la vérité divine, et elle ne

institution dont nous venons de parler, il en
surgit une autre, plus humble et plus cachée,
que l'on peut appeler le *Sacré-Cœur contem-
platif*. Voilà pourquoi, après qu'un apostolat
glorieux a donné au Cœur de Jésus-Christ tant
d'âmes ferventes, on voit la religion élever
des autels nouveaux. Elle y expose à la vénération publique le sacrement même de l'a-
mour, et tout auprès elle range l'élite de ces
âmes, prosternées pour adorer et expier. Ainsi,
en regard des prêtres qui évangélisent la terre
sous le soleil radieux du Sacré-Cœur, Dieu pose
des vierges qui prient sans interruption pour
que la grâce féconde leur sublime ministère ;
et à côté des vierges actives qui, en formant
des femmes chrétiennes, travaillent à nous
façonner une société à l'image du Cœur de
Jésus, il fait naître des vierges contemplatives,
dont la mission est de s'immoler comme de
pures victimes, au pied du Saint-Sacrement
jour et nuit exposé, afin d'aider par leur
sacrifice au rétablissement du règne de

comprend que d'une manière dispositive et quasi secon-
daire les vertus morales et la considération des œuvres de
Dieu. *Summ. theol.*, IIª IIᵃ, q. CLXXX, a. 3.

Jésus-Christ, et à l'exaltation de son Cœur adorable (1).

Or, cette inspiration, semblable à un germe précieux, où Jésus-Christ l'a-t-il laissée tomber de son Cœur ? Il l'a laissée tomber de son Cœur auprès du tombeau de la sœur Anne-Madeleine, et dans une âme unie à la pieuse visitandine par le lien du sang. Ainsi est née virituellement la Société des Filles du Cœur de Jésus. Le double but poursuivi par cette congrégation nouvelle est celui-là même que l'ardente zélatrice du Sacré-Cœur, instruite à l'école du divin Maître,

(1) Madame Barat, fondatrice, avec le P. Varin, de la Société du Sacré-Cœur, et qui avait de grandes lumières sur le rôle de la dévotion au Cœur de l'Homme-Dieu, comprenait aussi qu'il fallait deux grandes choses pour exalter ce divin Cœur, d'abord un vaste apostolat, puis une adoration et une expiation perpétuelle devant le Saint-Sacrement. Livrée avec ses filles à la première de ces œuvres, et ne pouvant par conséquent entreprendre la seconde, elle n'oublia pas celle-ci néanmoins, et même la prépara dès 1816, en instituant l'adoration perpétuelle dans le noviciat de Paris, et en inculquant aux membres de sa Société l'esprit de victimes expiatoires. V. l'abbé Baunart, *Hist. de madame Barat*, liv. III, c. 3; liv. IV, c. 1; liv. VI, c. 3. Madame Barat disait encore : « Le Carmel devrait être implanté dans le Sacré-Cœur, comme le plus bel arbre de ce doux jardin. » *Ibid.*, liv. VIII, c. 4.

proposait aux confréries dont elle fut l'insti-
tutrice, qu'elle recommandait sans cesse aux
âmes, qu'elle eut toujours elle-même devant les yeux. Contemplant jour et nuit la
plaie que porte au cœur l'Agneau immolé,
ces vierges s'offrent en holocauste pour
réparer les offenses des âmes qui le blessent
plus délicatement. En même temps, imitatrices de la Vierge du Calvaire et de l'autel,
elles prient pour que l'Église et le Pontife de
Dieu triomphent de leurs ennemis, et pour que
le Cœur adorable du Roi Jésus reçoive des
hommages, des louanges et des bénédictions, non-seulement de la part des âmes,
mais encore de la part des peuples ; elles
demandent que, à l'exemple de Marseille,
toutes les cités l'honorent et tous les royaumes
s'inclinent devant lui ; enfin, de même qu'autrefois sainte Thérèse avait spécialement en vue,
comme fruit de ses prières et de ses austérités,
le salut de la France, ainsi elles implorent
avec une ferveur particulière le retour de la
fille aînée de l'Église à sa glorieuse mission,
qui est la défense des intérêts catholiques dans
l'univers entier. Par un mystérieux conseil

de sa providence, Dieu a mené du midi au nord cette congrégation naissante, afin qu'elle se constituât sous la protection d'un des princes les plus illustres et les plus éclairés de l'Église (1), et afin qu'elle participât dès son début, et d'une manière intime, à l'œuvre la plus éclatante entreprise par les catholiques belges en l'honneur du Cœur de Jésus-Christ, je veux dire à l'édification d'un sanctuaire qui sera le mémorial de la consécration de la pieuse Belgique au Sacré-Cœur (2). Tandis qu'une partie de cet essaim religieux, accru sous la bénédiction d'en haut, se disperse dans d'autres régions, pour y former de nouvelles ruches (3); l'autre partie

(1) L'acte d'érection du premier monastère des Filles du Cœur de Jésus, du monastère de Berchem-lez-Anvers, a été signé le 8 décembre 1872, par Mgr l'archevêque de Malines, aujourd'hui cardinal Dechamps.

(2) Ce sanctuaire s'élève à Berchem-les-Anvers, à côté du monastère. S. S. le Pape Pie IX a envoyé la première pierre de l'édifice, et son représentant à Bruxelles, Mgr Vannutelli, a posé cette pierre fondamentale le 8 septembre 1875.

(3) D'après les désirs de S. G. Mgr Forcade, archevêque d'Aix, un second monastère des Filles du Cœur de Jésus est fondé dans cette capitale de la Provence Là aussi s'élèvera un sanctuaire privilégié du Sacré-Cœur. D'autres diocèses attendent des fondations semblables.

demeurée en Belgique, et prosternée au pied du Saint-Sacrement, aujourd'hui dans le sanctuaire provisoire, demain dans le magnifique sanctuaire définitif, ne cessera d'élever en esprit devant la Majesté divine, le calice du sang théandrique qui lave les iniquités de la terre, qui rachète les âmes et qui guérit les peuples !

Saluons, en terminant, l'antique et illustre Église de Marseille. Depuis qu'elle s'est consacrée au Cœur de Jésus-Christ, elle est devenue plus féconde que jamais en âmes saintes. Souhaitons lui de ne jamais oublier ses gloires les plus pures. L'étranger admire, sur une de ses voies publiques, la statue du généreux Belzunce, mais nulle part il ne rencontre l'image de la Sœur Rémusat, et la dépouille de cette illustre Marseillaise repose dans une tombe ignorée. Il ne découvre pas davantage l'église du Sacré-Cœur, qu'en 1821, au centenaire de la peste et de la délivrance, la piété publique avait tenté d'ériger (1). Et néanmoins l'on ne peut

(1) La première pierre en fut solennellement posée par Mgr de Beausset, archevêque d'Aix, en présence des autorités religieuses, civiles et militaires, et au milieu d'un grand apparat, sur la place Saint-Ferréol. Sur cette place

croire que la cité par excellence du Cœur de Jésus, initiatrice principale du grand mouvement de dévotion dont nous sommes témoins, demeure à jamais privée d'un sanctuaire du Sacré-Cœur, ni de vierges adoratrices et réparatrices, telles qu'elle en a donné au sanctuaire du Sacré-Cœur de la Belgique. Car nous augurons à bon droit des faits accomplis déjà, que la Providence prépare de loin ce triomphe du divin Cœur; et peut-être a-t-elle réservé la mission d'élever un pareil sanctuaire à la Société des Filles du Cœur de Jésus, née sous les auspices célestes de la Sœur Anne-Madeleine, et animée de son esprit.

s'élève la préfecture, mais on n'y voit nulle trace d'église, et même le monument qui marquait l'emplacement de la première pierre a été enlevé.

# APPENDICE

---



## NOTICE HISTORIQUE ET GÉNÉALOGIQUE

SUR LA

## FAMILLE DE RÉMUSAT

La famille de Rémusat, originaire du Dauphiné, est établie en Provence depuis plusieurs siècles. Elle y a possédé les fiefs nobles de Rousset, d'Ollon, de Saint-Antonin et de Faloire. Elle s'y est alliée aussi aux familles les plus illustres, par exemple, à celles de Sabran, de Laugier, d'Agoult, de Vintimille, de Pontevès-Maubousquet, de Demandolx, de Borély, dont le nom est attaché au château de Borély, près Marseille, et à d'autres encore.

Les archives municipales de Marseille constatent que Guillaume de Rémusat fut nommé viguier de la ville en 1365. Le mot *viguier* est une corruption de *vicarius*, vicaire ou lieutenant. Le viguier était, en effet, le représentant du comte de Provence auprès de la municipalité. Il était chef militaire, juge criminel et admi-

nistrateur des deniers du comté; il présidait de
droit le Conseil municipal, tenant en main le bâton du
commandement. Guillaume, nommé sous le règne de
Jeanne de Naples, eut donc l'honneur de représenter
la célèbre reine-comtesse à Marseille, durant cette
année 1365. L'exercice d'une charge aussi élevée prouve
la haute situation de la maison de Rémusat au qua-
torzième siècle. Celle-ci donna encore un consul à la
capitale de la Provence, et dix échevins à la ville de
Marseille, ainsi qu'on le verra plus loin.

L'établissement de la famille de Rémusat à Marseille
date du dix-septième siècle. A l'exemple d'autres familles nobles, elle s'adonna au commerce maritime
sur cette place et dans le Levant. Le roi Charles IX
avait déclaré, par ses lettres patentes de 1566, que les
gentilshommes marseillais pouvaient faire des opérations commerciales sans déroger.

Les armes de la famille de Rémusat sont : d'azur au
chevron accompagné en chef de deux roses, et en
pointe d'une hure de sanglier, le tout d'or. La branche
cadette porte le titre comtal, qui lui a été octroyé
par Napoléon Ier.

Il y a une remarque à faire sur l'orthographe du
nom et sur la particule. Tantôt le nom s'écrit avec un
s, tantôt un z. La première orthographe prévaut dans
les actes antérieurs au dix-huitième siècle, et on la
rencontre même parfois à cette époque. Ainsi au greffe
de l'évêché de Marseille, le nom de l'échevin Pierre
Rémusat est écrit avec un s dans la relation qui y est
aite du vœu de la ville, mais la signature de ce même
personnage porte un z. La Sœur Anne-Madeleine suivait elle-même cette dernière orthographe, je l'ai cons-
taté sur trois de ses lettres conservées à la Visitation

de Marseille, et adressées à son frère, *Monsieur Rému-*
*zat, aux Infirmeries* (où il faisait quarantaine). Vers la
fin de ce siècle le *z* fait place à l'*s*, et cette dernière
lettre est définitivement adoptée en 1814 par les deux
branches de la famille. Quant à la particule, on la trouve
dans les anciens actes, où le nom, en latin, est inva-
riablement écrit au génitif, tandis que le prénom prend
le cas exigé par la construction. Comme bien d'autres
familles de la noblesse marseillaise, les Rémusat adon-
nés au commerce et investis des hautes charges municipales, omettent la particule pendant un certain
temps, pour la reprendre dans la seconde moitié du
dix-huitième siècle.

Je n'ai nullement la prétention de dresser une généa-
logie complète de la maison de Rémusat. Il me suffit
d'en avoir montré l'antiquité et la noblesse, et j'attein-
drai l'unique but que je me suis proposé, si je décris
les deux branches de la famille encore existantes aujourd'hui, et si j'indique la descendance masculine et
féminine des frères et des sœurs d'Anne-Madeleine.
Pour procéder avec méthode, je n'aurai qu'à remonter
jusqu'à Jacques de Rémusat, qui est l'aïeul de cette
dernière.

I. — Jacques de Rémusat ou Rémuzat, quatrième fils
   d'Auban et de Marthe Silva, épousa dans la première moitié du dix-septième siècle, Marthe Guillermy. Il en eut trois fils, Louis, Hyacinthe et Pierre,
   auteurs des trois branches qui suivent, sans compter
   deux filles, Madeleine, mariée à Louis Vins, et Thérèse, mariée à N. Grimod.

## BRANCHE AINÉE DE LA FAMILLE DE RÉMUSAT

Cette branche n'offre aucun intérêt pour cette histoire, et elle est éteinte aujourd'hui.

II. — Louis de Rémusat ou Rémuzat, échevin de Marseille, en 1688, avait épousé le 11 juin 1674 Anne Porry, dont il eut Jacques qui suit, plus six fils et cinq filles tous morts en bas âge.

III. — Jacques de Rémusat ou Rémuzat, deuxième du nom, échevin de Marseille en 1728, avait épousé le 12 février 1715, Marguerite Magy. La famille Magy, à laquelle appartenait Marguerite, serait issue, d'après une tradition constante, d'une vieille maison lombarde, illustrée au quinzième siècle par un saint, le Bienheureux Sébastien Maggi. Ce dernier était fils de Falco Maggi, patricien de Brescia. Entré à l'âge de quinze ans dans l'ordre de Saint-Dominique, il devint successivement prieur de plusieurs couvents, et vicaire général des Dominicains de la Lombardie. C'est lui qui fit construire, à l'aide des aumônes qu'il recueillit, l'église dite de la Rosa, à Milan. Il mourut à Gênes en odeur de sainteté, et y fut inhumé dans l'église de Sainte-Marie di Castello, où son corps se conserve intact. Clément XIII approuva son culte, et concéda son office à l'ordre des Dominicains. Pie VI étendit cette concession au diocèse de Brescia. La famille Maggi vint plus tard s'établir en Provence, où elle orthographia son nom à la française. Elle fut protégée par Colbert, et acquit de la considération. Du mariage de Jacques Rémusat avec Marguerite Magy, naquirent :

1º Jean-Baptiste, qui suit.

2º Pierre-Paul, célibataire.

IV. — Jean-Baptiste de Rémusat épousa en premières noces N. Martin, et en secondes noces N. Guillermy.

Il eut du premier mariage :

Jacques-Vincent, qui suit.

Du second :

Deux filles, l'une mariée à N. de Catelin, l'autre à N. Dandaule.

V. — Jacques-Vincent de Rémusat épousa Reine Martin, qu'il laissa veuve sans enfants. Avec lui s'éteignit la branche aînée.


## BRANCHE PUINÉE, DEVENUE BRANCHE AINÉE DE LA FAMILLE DE RÉMUSAT

A cette branche appartient la Sœur de Rémusat. Elle est donc la plus intéressante pour le lecteur. Comme je l'ai promis, je donnerai la descendance des trois frères, de la sœur et des deux demi-frères d'Anne-Madeleine. Car il y a plus que de l'honneur, il y a de la consolation spirituelle à pouvoir se dire le neveu ou l'arrière-neveu d'une grande servante de Dieu.

II. — Hyacinthe de Rémusat ou Rémuzat, deuxième fils de Jacques et de Marthe Guillermy, fut en son temps l'un des personnages les plus considérables de la ville de Marseille. Durant la peste, alors que le service des subsistances publiques était désorganisé, il fournit l'argent et le crédit de sa maison commerciale pour vingt mille charges de blé, et mérita la reconnaissance de ses concitoyens. Il épousa en premières noces Anne Constant ou Constans, et en secondes noces Élisabeth Guitton.

Il eut de son premier mariage :

1º Gabriel, premier échevin de Marseille en 1736 et en 1750, qui épousa N. de Save, et mourut sans enfants.

2º *Jean-François*, qui suit.

3º *Noël-Justinien*, qui suit.

4º *Charles*, qui suit.

5º Joseph-Hyacinthe, mort sans alliance.

6º. Anne-Victoire, religieuse au premier monastère de la Visitation de Marseille.

7º ANNE-MADELEINE.

8º Catherine, religieuse bernardine.

9º *Marie,* qui suit.

De son second mariage :

10º *Hyacinthe*, qui suit.

11º *Marc-Antoine*, qui suit.

12º Thérèse, mariée à la Ciotat, à N. Marin, dont on ne connait pas la descendance.

13º Marie-Madeleine, mariée à son cousin, N. Guitton, dont on ne connait pas davantage les descendants.

## DESCENDANCE DE JEAN-FRANÇOIS DE RÉMUSAT, FRÈRE D'ANNE-MADELEINE

III. — Jean-François de Rémusat ou Rémuzat, frère d'Anne-Madeleine, épousa Madeleine-Cornélie Le Sueur. Il eut d'elle :

1° Charles-Alexandre, qui suit.
2° Hyacinthe-Marie, chanoine à la Major, vicaire général du diocèse de Marseille.
3° François, mort sans alliance.
4° Madeleine, mariée à François Goujon, dont on ignore la descendance.

IV. — Charles-Alexandre de Rémusat épousa Hélène-Catherine Magy, de la famille dont il a été question plus haut.

Issus de ce mariage :

1° Étienne, prêtre.
2° Hyacinthe-Auguste, qui suit.
3° Marie-Rosalie, en religion, sœur Agathe-Élisabeth, religieuse au premier monastère de la visitation de Marseille.

V. — Hyacinthe-Auguste de Rémusat épousa Félicité Badaraque, dont il eut :

1° Henry, qui suit.
2° Marie-Hélène.

VI. — Henry de Rémusat.

## DESCENDANCE DE NOEL-JUSTINIEN DE RÉMUSAT, FRÈRE D'ANNE-MADELEINE

III. — Noël-Justinien de Rémuzat ou Rémusat, frère d'Anne-Madeleine, fut, à deux reprises différentes, échevin de Marseille. En cette qualité, il administra la ville pendant l'exercice 1765-1766, de concert avec l'autre échevin, Georges de Roux, marquis de Brue, plus connu sous le nom de Roux de Corse, ce négociant fameux, possesseur de trente millions, qui arma lui-même des vaisseaux dans la guerre contre les Anglais, et publia un manifeste contre l'ennemi de la France, où il débutait ainsi : « Georges de Roux à Georges d'Angleterre. » L'administration de ces deux échevins célèbres fut particulièrement habile et honorable. Noël-Justinien avait épousé en premières noces Claire Marnier, qui mourut sans enfants, et eut en secondes noces Anne Timon, dont il eut :

1° Marie-Élisabeth-Gabrielle, née le 8 septembre 1750, mariée à Jean-François Carraire, dont on ne connaît pas les descendants.

2° Anne-Marguerite, née le 14 octobre 1751, morte en bas âge.

3° François-David-Justinien, né le 5 mai 1753, mort sans alliance.

4° Jean-Baptiste, né le 22 juillet 1754, mort sans alliance.

5° Pierre-François, né le 4 octobre 1755, député au Conseil des Anciens (et non pas au Conseil des

Cinq-Cents, comme le prétend Borel d'Hauterive), marié à Jeanne-Gabrielle Grenier, mort
sans postérité.[1]

6° Justinien-Gabriel, qui suit.
7° Jacques-Hyacinthe, né le 6 août 1758, mort sans
alliance.

IV. — Justinien-Gabriel de Rémusat, né le 14 janvier
1757, officier au régiment du maréchal de Turenne,
épousa Rossoline Paul, dont il eut :

1° Séraphin-Justinien, qui suit.
2° Marie-Rossoline, née le 14 février 1810, morte
le 20 du même mois.

V. — Séraphin-Justinien de Rémusat épousa Charlotte-
Louise-Victorine d'Isoard de Chénerilles, dont il
eut :

1° Octave, mort en bas âge.
2° Charles, mort en bas âge.
3° Marie-Gabrielle-Jeanne, mariée le 15 octobre
1864, à Roger Girard, comte du Demaine, d'une
noble famille originaire de la Bretagne.
4° Joseph-Justinien, qui suit.

VI. — Joseph-Justinien de Rémusat, né le 29 janvier
1845, épousa Hélène du Verne, issue d'une des plus
anciennes familles du Nivernais.

De ce mariage :

1° Louise-Marie-Charlotte.
2° Gabriel-Justinien.

## DESCENDANCE DE CHARLES DE RÉMUSAT

III. — Charles de Rémusat, frère d'Anne-Madeleine, épousa Marie-Anne de Candole, appartenant à une des plus nobles familles de Provence. Il eut d'elle une fille unique qui suit.

IV. — Claire-Julie de Rémusat [fut mariée en 1769 à Marie-Joseph-*Maffée* de Foresta, seigneur de Collongue, chevalier de Saint-Louis.

La famille de Foresta est originaire de la Haute-Italie, où elle a joué un rôle important dans l'histoire de la Lombardie et dans celle de la république de Venise. Sous le règne de François I$^{er}$, elle vint s'établir en Provence, où ce monarque la protégea. Elle y acquit successivement vingt-deux fiefs, dont un fut érigé en marquisat sous la minorité de Louis XIV. Elle donna à l'Ordre de Malte douze chevaliers, à l'Église d'Apt un évêque qui se distingua par son zèle et son courage pendant la peste, au parlement de Provence huit président ou conseillers, aux armées de terre et de mer des officiers en grand nombre.

Maffée de Foresta mourut en 1791, laissant :

1° Marie-Paul-Augustin de Foresta, conseiller doyen à la cour royale d'Aix, démissionnaire en 1830, pour refus de serment, né à Marseille en 1777, mort en 1851. Il avait épousé le 9 avril 1799, Louise-Rose-Thérèse de Tuffet de Vaux,

des seigneurs de Saint-Martin et de la Grémuse,
dont :

a. — Louis-Marie-Maffée de Foresta, né le
26 janvier 1800, sous-lieutenant au 4ᵉ régiment
de la garde royale, admis à la réforme en 1824,
entré ensuite dans l'état ecclésiastique, et mort
chanoine honoraire de Tours.

b. — Marie-Claire-Thérèse, morte sans alliance.

c. — Marie-Thérèse-*Laurence*, née le 7 mai 1813,
mariée le 28 avril 1834 avec Hippolyte-Bona-
venture-Joseph, baron de Blacas-Carros.

2° Marie-Joseph, qui suit.

V. — Marie-Joseph de Foresta, marquis de la Roquette
et de Foresta, né à Marseille le 28 mars 1783, et
adopté en 1814 par Bruno-Marie de Foresta, bailli,
grand croix de l'Ordre de Malte, et dernier descen-
dant de la branche des seigneurs du Castelar et
marquis de la Roquette. Il fut chevalier de l'Ordre
de Saint-Jean de Jérusalem, officier de la Légion
d'honneur, grand cordon de l'ordre impérial de
Léopold d'Autriche, gentilhomme honoraire de la
chambre du roi Charles X, et successivement préfet
des Pyrénées-Orientales, du Finistère, de la Meurthe,
de la Vendée et du Loiret. Louis XVIII l'avait confirmé
dans la possession du titre de marquis ayant appar-
tenu à la branche éteinte de sa famille, par lettres
patentes du 28 mai 1821.

Le marquis de Foresta avait épousé en premières
noces, le 9 décembre 1812, Marie-Joséphine-Cons-
tance de Chalvet-Souville, sous-gouvernante des
enfants de France, décédée le 4 février 1823; et en

secondes noces, Marie-Charlotte-Léon-Suzanne-Thè-cle-Sosthènes d'Ourches, fille du marquis d'Ourches, ancien capitaine de dragons et chambellan de Mon-sieur, comte de Provence (depuis Louis XVIII), et de Marie-Charlotte-Hyacinthe de la Vallée-Rarécourt de Pimodan.

Il eut du premier mariage :

1° Marie-*Maxence*, qui suit.
2° Marie-*Albéric* de Foresta, né à Aix, le 8 janvier 1818, religieux profès de la Compagnie de Jésus, et fondateur des écoles apostoliques, décédé à Avignon le 2 mai 1876.
3º Marie-*Nathalie* de Foresta, née le 15 juin 1820, admise dans l'ordre Thérésien de Bavière, par brevet de S. M. la reine, en date du 21 septembre 1843, dame du palais de S. A. R. Madame la duchesse de Parme; morte le 26 août 1859.

Du second mariage :

4° Marie-François-Galéas-*Léon* de Foresta, né à Nancy, le 26 août 1827, décédé dans la même ville le 11 avril 1838.
5º Marie-Joseph-Léon de Foresta, né le 10 octobre 1830, décédé le 22 octobre 1834.
6º Marie-Joséphine de Foresta, née le 30 mai 1832, mariée au comte de Reynaud, chef d'escadron au 2ᵉ régiment de hussards.
7º Marie-Euphrosius Maffée-*Charles* de Foresta, né le 5 février 1836, marié à Mary Parks.
8º Marie-Gabriel-*Paul* de Foresta, né le 7 mai 1838, sous-officier aux zouaves pontificaux, très-

grièvement blessé à la journée de Loigny sous l'étendard du Sacré-Cœur.

9º Marie-Septime-*Fernand* de Foresta, né le 18 décembre 1841, marié à Louise de Geoffre de Chabrignac.

VI. — Marie-*Maxence*, marquis de Foresta, né à Aix, le 5 février 1817, marié le 30 janvier 1843 à Eugénie-Sophie-Caroline-Mathilde de Bully.

Leur fils aîné, Henry, a l'honneur d'être filleul de M. le comte de Chambord.

## DESCENDANCE DE MARIE DE RÉMUSAT
## SOEUR D'ANNE-MADELEINE

III. — Marie de Rémusat ou Rémuzat, sœur d'Anne-Madeleine, fut mariée à la Ciotat, le 2 mars 1720, à François Guys, écuyer. Celui-ci appartenait à une famille noble en possession de la charge de procureur du roi à l'amirauté de la Ciotat, qui s'adonna ensuite au commerce, et qui en outre servit dignement son pays dans les ambassades et les consulats.

De ce mariage sont issus :

1º *Pierre-Augustin*, auteur de la première branche, qui suit.

2º *Jean-Joseph*, auteur de la deuxième branche, qui suit.

3º François-Hyacinthe, père de l'Oratoire.

4º Gabriel, prêtre.

5º Catherine, mariée à Antoine Faure, dont on ne connaît pas la descendance.

## PREMIÈRE BRANCHE.

IV. — Pierre-Augustin Guys, fils aîné de Marie de Rémusat, sœur d'Anne-Madeleine , et de François Guys, né à Marseille le 2 août 1721, l'un des personnages en renom de son siècle.

Après une brillante éducation, il entra à Constantinople dans la maison de commerce de ses oncles, MM. de Rémusat. Il acquit en Orient des connaissances littéraires, politiques et commerciales, qui lui permirent de rendre les plus grands services à Marseille et à la France. De retour dans sa patrie, il décida ses concitoyens à offrir à la marine royale le vaisseau *le Marseillais*. Diverses missions lui furent confiées, dont une en Danemark, au profit du commerce français. Il écrivit, outre trente mémoires adressés au gouvernement, le *Voyage littéraire de la Grèce* (Paris, 1783, chez la veuve Duchesne), qui fonda la renommée de son auteur, et appela l'attention publique sur la Grèce moderne. Il fut député du commerce de Marseille, membre de l'académie de cette ville, associé de l'Institut de France, conseiller secrétaire près le parlement de Provence, et citoyen d'Athènes. Il mourut durant son deuxième séjour en Grèce, à Zante, le 18 août 1799. Son buste a été placé au musée de Versailles.

Pierre-Augustin Guys avait épousé le 15 juillet 1752, Anne Magy, arrière-petite-nièce du B. Sébastien, dont il a été parlé plus haut.

De son mariage sont issus :

1º *Joseph-François-Marie-David*, auteur du premier rameau, qui suit.

2º *Pierre-Alphonse*, auteur du deuxième rameau
qui suit.

3º *Constantin-Hyacinthe,* auteur du troisième rameau
qui suit.

4º Augustin Guys de Saint-Charles, chevalier de
Saint-Louis, agent des relations extérieures, à
Marseille, mort sans alliance.


PREMIER RAMEAU.


V. — Joseph-François-Marie-David Guys, né le 2 janvier
1754, mort à Smyrne le 2 mars 1835, marié à Marie-
Élisabeth de Rémusat, fille de Hyacinthe et de
Suzanne Goa, née à Marseille le 2 novembre 1759,
morte à Smyrne le 18 juillet 1846.

Sont issus de ce mariage :

VI. — 1º Pierre-Auguste-Hilarion Guys, né à Marseille
2 janvier 1780, mort à Smyrne le 17 novembre 1859,
marié à Thérèse Marraccini, morte à Smyrne. Ils
eurent :

*a.* — Aimé.
*b.* — Edmond.
*c.* — Eugénie.

VI. — 2º Sophie-Élisabeth Guys, née à Marseille, le
2 novembre 1783, morte à Smyrne le 14 juin 1871,
mariée à H. Couturier, mort à Smyrne. Ils eurent :

*a.* — Sidonie, mariée à M. Franceschi.
*b.* — Zoé, mariée à M. Trullet.
*c.* — Adélaïde, mariée à M. R. van Lennep.

*d.* — Amélie, veuve de M. Lochner.
*e.* — Pauline.
*f.* — Gustave, marié à Émilie Cousinéry.

VI. — 3º Suzanne-Amélie Guys, née à Smyrne, le 14 décembre 1789, mariée à D. P. Dulilh, mort à Trieste. Ils eurent :

*a.* — Auguste-Ascagne, né à Smyrne le 20 mai 1813, mort à Trieste le 14 mars 1867.
*b.* — Jean-Joseph-Eugène, né à Smyrne le 2 novembre 1814, marié à New-York à Suzanne Moor Light.
*c.* — Marie-Élisabeth-Sophie, née à Smyrne le 13 janvier 1816, mariée à Trieste, à Frédéric Dalmasse, décédé.
*d.* — Caroline-Marianne, née à Smyrne le 22 octobre 1817.
*e.* — Victorine-Adélaïde, née à Smyrne le 1ᵉʳ décembre 1818, décédée.
*f.* — Henry-Édouard, né à Smyrne, le 18 mars 1820, perdu sur le bateau à vapeur *Pacific*, de Liverpool, qui a péri corps et biens.
*g.* — Marie-Élisabeth-Louise, née à Smyrne, le 21 février 1822.
*h.* — Charles-Maurice, né à Smyrne, le 8 septembre 1823.
*i.* — Gustave-Augustin, né à Smyrne le 12 septembre 1824.

VI. — 4º Marie-Victorine Guys, née à Smyrne, le 22 novembre 1791, mariée à R. G. Willis, décédé.

VI. — 5º Pierre-Augustin Guys, né à Smyrne, le 6 octobre 1795, sans alliance.

VI. — 6° Joseph-Étienne-Firmin Guys, né à Smyrne, le 1ᵉʳ décembre 1798, marié à Suson, comtesse de Hochepied, morte le 23 février 1866. Ils eurent :

a. — Jacques-Augustin-Alphonse, né le 17 février 1824, marié à Hélène Géraud, veuve du comte de Hochepied, dont il eut Auguste, décédé, Charles, Alphonse, Albert, Frédéric, Joseph, Philomène et Octave.

b. — Alfred-Joseph-Constantin, né le 24 juillet 1826, mort le 17 novembre 1836.

c. — Ernest-Émile-Hilarion, né le 21 octobre 1829.

d. — Sarah-Élisabeth-Celie, née le 4 janvier 1833.

e. — Laure-Victorine-Clotilde, née le 8 avril 1836.

f. — Pierre-Augustin-Alfred, né le 30 janvier 1838, marié à Euphémie Vestarché, dont il a eu René et Blaise.

g. — Joseph-Edmond-Oscar, né le 23 août 1840, marié à Céline Bolladus, dont il a eu Louise, Laura, Marie, Julie et Oscar.

h. — Blanche-Clotilde, née le 29 mars 1843.

i. — Armand-Casimir-Henry, né le 4 mars 1845.

DEUXIÈME RAMEAU.

V. — Pierre-Alphonse Guys, né à Marseille, le 27 août 1755. Il fut successivement attaché à l'ambassade française à Constantinople et à Vienne, puis nommé secrétaire à Lisbonne, poste qu'il ne put occuper. Par brevet daté de Marly le 29 avril 1779, Pierre-Alphonse de Guys (*sic*) fut créé sous-lieutenant d'infanterie. Il devint ensuite consul à Cagliari, puis consul général et chargé d'affaires de France à Tripoli de Barbarie. Enfin il remplit la charge de consul général à Tripoli de Syrie, et mourut dans cette ville le 13 septembre 1812. On voit encore son tombeau dans l'église de Sainte-Marie à Sgorta (Liban).

Il avait épousé à Marseille, en 1783, Marguerite-Élisabeth de Rémusat, fille de Marc-Antoine et de M. della Rocca, dont il eut :

1o Charles, consul de France à Tripoli.

2o Henri, qui suit.

3o Marc, agent consulaire à Tripoli, mort sans alliance en 1837.

4o C ristine.

5o Camille.

6o Sophie.

VI. — Henri Guys, consul de première classe, officier de la Légion d'honneur, décoré de plusieurs ordres étrangers, etc., épousa Eulaly Arasy, dont il eut :

1o Alphonse, qui suit.

2o Amélie, veuve de Victor Touchard, lieutenant de vaisseau.

3o Mathilde, mariée à Gustave Pellissier.
De ce mariage est issu un fils, Henri.

4o Alfred, marié à Virginie Michel.

5o Anaïs.

VII. Alphonse Guys, consul de France de première classe en Syrie, marié à Amélie Audibert.

TROISIÈME RAMEAU.

V. — Constantin-Hyacinthe Guys, consul général à Alep, puis à Tunis, et agent du ministère des affaires étrangères. Il épousa à Marseille Marie Hayes, et mourut en 1837, laissant :

VI. — 1° Edmond Guys, mort à Saint-Pétersbourg, sans postérité.

VI. — 2° Alphonse Guys, colonel de lanciers, mort à Haguenau, laissant de son mariage avec Eugénie Chaumont :

    *a*. — Edouard Guys.

    *b*. — Charles Guys, colonel d'infanterie, officier de la Légion d'honneur, mort à Sedan après la bataille.

    *c*. — Eugène Guys, lieutenant de vaisseau, officier de la Légion d'honneur, mort à Paris.

VI. — 3° Caroline Guys, mariée au comte Lévisse de Montigny, chevalier de Saint-Louis et de la Légion d'honneur, issu d'une noble famille originaire des Vosges, et fils du comte de Montigny mort durant l'émigration.

De ce mariage :

    *a*. — Comte Charles Lévisse de Montigny, chef d'état major, commandeur de la Légion d'honneur, mort sans alliance.

    *b*. — Comte Jules Lévisse de Montigny, payeur du département de la Loire, marié à mademoiselle Bouchet, mort en laissant une fille, Juliette.

> c. — Amélie Lévisse de Montigny, mariée à Ga-
> briel Salavy. De ce mariage sont issus : Henri,
> Marie, mariée à S. Poulof, lieutenant au 20° chas-
> seurs, Valentine, Jules, Amable, Max, Emma-
> nuel, Thérèse et Paul Salavy.

VI. — 4° Clémentine Guys, mariée à Théodore Martell,
dont :

> a. — Edouard Martell, ancien membre du corps
> législatif, marié à mademoiselle Mallet, sans
> enfants.
> b. — Gabriel Martell, marié à mademoiselle Phé-
> land, sans enfants.
> c. — Mathilde Martell, mariée à M. Ferino, che-
> valier de la Légion d'honneur, dont Roger,
> René, Jacques, Suzanne et André Ferino.
> d. — Louisa Martell, décédée sans alliance.

## DEUXIÈME BRANCHE.

IV. — Jean-Joseph Guys, deuxième fils de Marie de
Rémusat, sœur d'Anne-Madeleine et de FrancisGuys,
épousa Marguerite de Laurens. Ils eurent une fille,
qui suit.

V. — Marie Guys épousa N. Monier. La famille Monier
descendait de Guillaume Monier, notaire et secrétaire de l'Hôtel de Ville de Marseille en 1318. Elle
avait produit des chevaliers de Malte, un contre-
amiral et deux capitaines de vaisseaux, et s'était
alliée aux maisons de Pontevès, de Pierrefeu, de
Villeneuve-Flayoso, etc.

> De ce mariage naquit une fille unique, qui
> suit :

VI. — Marie Monier épousa Charles-Athanase-Hilarion
de Solliers, deuxième fils de François de Solliers, avo-
cat célèbre et l'un des hommes les plus considérables
de la ville de Marseille à cette époque, et de M. Magne.
De ce mariage est issue une fille unique, qui suit :


VII. — Anaïs-Marie-François de Solliers, née à Marseille
le 4 février 1815, épousa dans la même ville, le 14
janvier 1840, Jean-Pierre-*Paul* Deluil-Martiny, un
des membres les plus distingués du barreau français,
où il eut l'honneur de joûter contre Berryer et de le
vaincre. Il occupa pendant de longues années les
charges d'adjoint au maire de Marseille et d'admi-
nistrateur des hospices. En septembre 1870 il forma
et présida un comité pour la délivrance des Jésuites,
retenus comme otages par les communards marseillais. A force de courage et d'habileté, il parvint à les
tirer lui-même de prison le 17 octobre. L'année suivante, comme la municipalité révolutionnaire refusait d'accomplir le *vœu de la ville* au Sacré-Cœur pour
la peste, il engagea ses concitoyens à y suppléer eux-
mêmes, et fut chargé d'offrir en leur nom le cierge
traditionnel. Cet acte solennel eut lieu à la fête du
Sacré-Cœur 1871, c'est-à-dire au lendemain des hor-
reurs de la Commune de Paris. Le soir de ce jour
M. Deluil-Martiny tint encore la place du maire à la
grande procession votive, organisée par ses soins
malgré l'opposition des rouges, et dont l'énergie des
bons fit un vrai triomphe pour la religion.

Cet homme de foi et d'honneur, si dévoué à
l'Église, au Saint-Siége et aux œuvres catholiques,
mourut à Marseille le 16 septembre 1876, suivant de

près sa compagne, qui était décédée le 6 avril précédent.

De leur union sont issus :

1º Marie-Caroline-Philomène, qui suit.
2º Jules-Marie-André-Paul, né à Marseille le 6 octobre 1842, y décédé le 10 janvier 1872.
3º Amélie-Marie-Thérèse-Pauline, née à Marseille le 22 novembre 1846, y décédée le 25 février 1872.
4º Jeanne-Marie-Anne-*Clémence*, née à Marseille le 1ᵉʳ octobre 1850, y décédée le 24 juillet 1859.
5º Marguerite-Marie-Thérèse-Henriette, née à Marseille le 29 février 1852, y décédée le 31 mars 1867.

VIII. — Marie-Caroline-Philomène Deluil-Martiny, en religion Mère Marie de Jésus, née à Marseille le 28 mai 1841, première supérieure générale de la Société des Filles du Cœur de Jésus, à Berchem-lez-Anvers (Belgique) et à Aix-en-Provence.


## DESCENDANCE D'HYACINTHE DE RÉMUSAT
### FRÈRE CONSANGUIN D'ANNE-MADELEINE


III. — Hyacinthe de Rémusat ou Rémuzat, frère consanguin d'Anne-Madeleine, épousa à Constantinople Suzanne Goa, dont il eut :

IV. — Élisabeth de Rémusat, mariée à son cousin Joseph-François-Marie Guys, fils aîné de Pierre-Augustin et d'Anne Magy.

Leur postérité est indiquée plus haut, dans la descendance de Marie de Rémusat, sœur d'Anne-Madeleine.

## DESCENDANCE DE MARC-ANTOINE DE RÉMUSAT
## FRERE CONSANGUIN D'ANNE-MADELEINE

III. — Marc-Antoine de Rémusat ou Rémuzat, frère consanguin d'Anne-Madeleine, épousa à Constantinople M. della Rocca, dont il eut :

1º Quatre fils n'ayant point laissé de descendants.
2º Marguerite-Élisabeth qui suit.
3º Deux autres filles dont on perd la trace.

IV. — Marguerite-Élisabeth de Rémusat fut mariée à Marseille en 1783 à son cousin Pierre-Alphonse Guys, fils puîné de Pierre-Augustin et d'Anne Magy.

Leur postérité est indiquée plus haut, dans la descendance de Marie de Rémusat, sœur d'Anne-Madeleine.

## BRANCHE CADETTE DE LA FAMILLE
## DE RÉMUSAT

Bien que la Sœur Anne-Madeleine n'en soit pas issue, cette branche présente un grand intérêt pour

notre histoire, puisque son chef fut un des signataires
du *vœu de la ville* de Marseille. Elle offre aussi un intérêt historique général.

II. — Pierre de Rémusat ou Rémuzat, troisième fils de
Jacques et de Marthe Guillermy, et par conséquent
oncle de la Sœur Anne-Madeleine, fut échevin de
Marseille, comme il a été dit dans cette histoire, et
se distingua par son courage à combattre la peste.
Il eut avec ses collègues Moustié, Dieudé et Saint-
Michel, l'insigne gloire de prononcer le *vœu de la
ville* de Marseille au Sacré-Cœur. Il épousa en pre-
mières noces Anne Gazille, et en secondes noces
Madeleine Charpuis.

Il eut de son premier mariage :

1º Jean-Baptiste, qui épousa Élisabeth Gail, dont
il eût :

· *a.* — Madeleine, mariée à M. Ailhaud.
*b.* — Pierre, mort sans postérité.

2º Madeleine, mariée à Roch Grimod.
3º Anne, mariée à Louis de Béliard.
4º Thérèse, religieuse bernardine.

De son second mariage :

5º Pierre-Joseph, premier échevin de Marseille en
1756, mort sans alliance.
6º Jean-Jacques, qui suit.
7º Louis-Xavier, chevalier de Saint-Louis, lieute-
nant-colonel au régiment d'Eu, brigadier des
armées du roi, mort sans alliance.

8º Marianne, mariée à Antonin de Pélissery.

9º Claire', mariée à Pierre de Lombard, seigneur
de Château-Arnould.

10º Catherine, mariée à Henry-Gaspard de Ferrier,
seigneur d'Auribeau.

11º Anne, mariée à M. Magy.

III. — Jean-Jacques de Rémusat épousa Marie-Anne de
Candole, veuve de Charles de Rémusat. De ce mariage
est issu :

IV. — Augustin-Laurent, comte de Rémusat, créé comte
par Napoléon I<sup>er</sup>, chambellan de l'empereur, et plus
tard, sous la Restauration, successivement préfet du
Nord et de la Haute-Garonne. Il épousa en premières
noces, à Aix, Julie-Angélique de Saqui-Sannes, et en
secondes noces la comtesse douairière de Vergennes,
née Jeanne Gravier, auteur de plusieurs ouvrages,
et amie intime de l'impératrice Joséphine.

Du second mariage est issu :

V. — Charles-François-Marie, comte de Rémusat, né le
14 mars 1797, mort à Paris le 6 juin 1875. Le comte
de Rémusat fut membre de l'Institut et ensuite de
l'Académie française, député de la Haute-Garonne,
ministre de l'Intérieur et plus tard des affaires étrangères, etc. Sa vie appartient à l'histoire. Il épousa
à Paris en premières noces mademoiselle Casimir
Perier, fille d'Augustin Perier, et en secondes noces
mademoiselle de Lasteyrie, petite-fille du général de
la Fayette.

Il eut du second mariage :

1º Pierre-François-Gilbert, qui épousa Marie Cibiel, et mourut sans postérité en 1862.
2º Paul-Étienne, qui suit.

VI. — Paul-Étienne, comte de Rémusat, député de la Haute-Garonne, a épousé Berthe Esnée, dont il a eu :

1º Pauline.
2º Pierre.


FIN

# TABLE DES MATIÈRES.

F. AUREAU. — Imprimerie de Lagny.